阿尔贝·加缪:
反抗永恒

[法]让·格勒尼耶(Jean Grenier) 著
谢 诗 译

上海社会科学院出版社

目 录

I　/3

II　/25

III　/43

IV　/59

V　/73

VI　/87

VII　/97

VIII　/109

IX　/121

X　/137

XI　/155

加缪生平　/163

译后记　/169

这些篇章无非是为了回顾阿尔贝·加缪的某些方面。

也就是说，它们既不是想追溯他的生活，也不是想评论他的作品——无论是他的生活还是作品，都已经被细致入微地研究过，还会继续这样被研究下去。

它们只是提供了一份简短、浅显，仿佛出自日常生活的证词，这时候，我们什么也不询问，也不被什么询问，而是一同缓步前进。我们想要与友人说起那些颇为重要的话题，谈论人的本性和命运。但他们已经对此有了决断，或者他们的困苦已经为他们做好了选择，又或者在你或他们随意说出口的一句话后，他们将准备好做出决定。

克制，没有人明言，但谁都有体会，它是我们思想孵化必不可少的伙伴。它建立起表面脆弱，但以我看来是牢不可破的纽带。然而，在谈起这些事时，要怎样做，才能避免勾勒从不曾明晰的对立、避免将他的名字与另一个人的混作一谈、避免损害这克制本身呢？

I

Albert Camus. Souvenirs

我永远也忘不了与阿尔贝·加缪的那次面谈，当时他还不到 17 岁。1930 年，他就读于哲学班，是返校大军中的一员，而我也在那一年来到阿尔及尔中学执教。是因为他天生一副不守规矩的样子吗？我叫他坐到第一排，就在我眼皮子底下，好方便盯着他。这样过了大概一个月后，他很长时间都没再来上课。我问起他的近况，有学生跟我说他病了。我打听到他的住址，得知他住在学校所在街区的另一头，而我对那片并不熟悉。我最终打定主意，跟一个学生（他是加缪的朋友）一块搭出租去了他家，我们不一会儿就到了。房子外观很破旧。我们上到二楼。我看见加缪坐在房间里，用几不可闻的声音同我问好，我问他身体如何，他回以寥寥几个字。他的朋友和我，我们好像两个碍事的人。话间总是沉默。我们决定离开。远看去，我觉得自己有如检察官，负责向死刑犯宣告他的上诉已被驳回。[1]

---

[1] 套用加缪在《婚礼集》(Noces)中引用过的司汤达的话："刽子手用一条丝带扼死了卡拉发主教，丝带断了：必须来两次。主教看着刽子手，不肯说一句话。"（译按：引文出自郭宏安译本。）

他的言行是不是带有抵触与敌视的意味？他不是敌视我这个人，而是以我（之于学生的老师）为代表的社会。阿尔贝·加缪毕竟才认识我不久，对我没什么可不满的。另外，还要考虑到青少年的自尊心，他人在病中、家境贫寒、幼年失怙[1]，在他生活的环境里，没有人理解并支持他的追求，这样一来，自尊心会让人变得敏感多疑。这里还须谈到克制，正因为克制，高贵的灵魂不愿吐露内心的纷扰。我当时并没有这最后一点体会，到后来才发现，这正是关键所在。

尽管这个年轻人言行中流露出抗拒的意愿，但不同于旁人那种全然被动的抗拒，他的抗拒是主动为之。这是个预备做革命家的反抗者，而不是一个悲观的、准备成为怀疑论者的人。那时候，他身上有一股劲头，只能通过内心的拉锯和对世事的回避表现出来。

那次面谈令我印象深刻的地方在于：出于当时我并不知道的原因，我所打交道的这个男人[2]拒绝

---

[1] 加缪的父亲在他不到一岁时便离世了。——译注
[2] 这个男人实际还只是个青少年。

了伸向他的援手；我想象他将手放到身后的样子，那幅画面我久久难以忘怀。

我想象中的他，会事先就回绝旁人给予的援助，回绝教义的救济，那些教义或许可以提供慰藉与希望，但仅此而已，它们无法自圆其说。

我觉得他这人"难相处"，却并不知道他缘何如此，受了何种力量推动。在学校里，阿尔贝·加缪学有所成，该是心满意足的。可我本应该注意到，这个环境里夹杂着不自然的痕迹，在此取得的成就远不纯粹。有一回，阿尔及尔学区给了他一个在贝勒阿巴斯省教书的机会，他去了没多久就回来了，因为工作太过繁重，薪资却很微薄。他做得没错。与自食其力相比，投胎不过是看运气，他那些同学便是因为投胎时运气好，轻易就能谋得一职，这样一来，他的这份职位又算什么呢？目光短浅的人会责备他摒弃了这样一个谋生的机会，劝他要有耐心——人们总爱劝别人要有这种美德，却不觉得那会对自己有什么好处，而且他们也无法真正说服那些清楚知道自己想要什么的人。再说了，加缪为了糊口，做的行当还不够多吗？不，这种抗拒不该受到诟病；但少年人可能会随之对整个世界产生一种普遍的鄙弃，会想要做自己的主宰。那是一个人还走不出自我的年纪。

这种精神状态预示着他们会对人产生错误的认识，而在行为举止上犯下更严重的错误。然而，加缪不但不曾错判自己的能力，还是罕有的、能如实认识自身才华的人。他不必向造物主解释他的感受，也不必倚仗天意，而是靠自己打拼出一番天地。他出身低微，只有出人头地，否则将不堪重负。不堪重负？他已然是了。他必须要展露锋芒，这关乎生死。

阿尔贝·加缪比谁都更需要成功，无论这种成功是否为他所愿。他必须找到合适自己的位置。一旦到了那个位置，他也就再不奢求其他了。成功会对许多人造成极度恶劣的影响，然而在他身上，成功却大有裨益。从他的才华得到认可的那刻起，他便会把才华这回事抛诸脑后。

加缪的处境从卑微变得超群，这也颠覆了他与旁人的关系。他所要做的便是给予，不必害怕被人瞧不起，甚至都不必感到害怕。

但他仍然与人保持距离：在与亲近的人相处时，

这种距离会缩短甚至消失，其他人（闲话家常的人除外）则有所领会。思考时间的长短反映了距离的远近，阿尔贝·加缪对任何人都不会草草应付了事。和大伙一样，他看人也会出错，但那不是因为他漫不经心。没有谁比他更专心的了。有时他也会被哄骗住，但既然是"哄骗"，便证明加缪不过是偶有疏忽。

正是与人保持的这种距离令他获得了尊重，并使他的作品具有了深远的影响。

Albert Camus. Souvenirs

在加缪对周遭事物的选择上,也能看出他渴望伟大、怀念高贵。他天性拘束,却又不乏同情心;这份拘束赋予他的别抓着我不放(noli me tangere)[1]以纯朴的价值,足以对抗平庸与卑劣,也令他的尊重与友谊更显珍贵。

重新说回到我与加缪的第一次会面,这次会面不仅给我留下深刻的印象,也在加缪的脑海中挥散不去。十年后,他说他还记得关于这次会面的所有细节。我告诉他我对他的解读,他答说:"或许吧,确实有道理,您代表着社会。但我是从您来的那天起,才意识到自己并没有想象中那么窘迫。"我所引以为敌意的东西,针对的不是我。再后来,他解释自己当时为何形容冷漠:对一些过于私密的情绪感到难以启齿,在生命中16—30岁这个阶段,每一岁之差都仿似差了十年,在年轻人的眼中,长辈的经验因为年龄代沟而显得高不可及。

---

[1] 据《约翰福音》,为耶稣在复活后向认出他的抹大拉的玛丽亚所说的第一句话。——译注

遥望那时，加缪合该有这样的看法。这并不是说阿尔贝·加缪与他人保持的这份距离无足轻重，因为在这距离中，存有一些难以界定的东西——而那正是写作时要去界定的，写作有时候就是要描绘那些从笔下溜走，或无法付诸笔端的事物——这些难以界定之物揭示出一种难驯的性格，它是阻挠航船入港的暗礁，或是航海术语中的"信标"，因为静止不动而成为参照点。如果您同他人的交往太过轻易，如果您当即便与对方平起平坐，那会如何？倘若如此，人与人的关系越是紧密，便越是虚假。

我们交往之初的误会自然没有持续太久。我提及此事，是因为它与我们后来的深沉感情和长久相依形成了对比。我也充分确定了我误解他的动因。

Albert Camus. Souvenirs

他从我这里学到了什么？曾伴他左右的这个人，是诸多负责教导他的人之一，但所做的不过是在无意中传授了自己的梦想。

写作，即整理自己的执念。

我是这么想的，这是我可能给予他的最潜移默化的影响。心门紧闭的人对旁人的兴趣不大，不足以有指引旁人的企图。但他可能会被某些灵魂的绽放所触动，并伸出援手。

在与我交心的年轻人身上，有一点我难以忘怀，那就是我可以教导他们认识自己，而不仅仅在自己职责范围内授业。我认为只有通过这种方式，才能完成我的使命。

我曾因学生的拘束而碰壁，拘束是人的天性，会随着青年人步入成年，不再（或不那么）羞于表达所想、所感、所愿而消失。坦白说，青年人大概连自己所想、所感、所愿是什么都尚且弄不明白。在一个极度早熟、言语直白的国家，肉体的不知羞耻与精神羞耻对比鲜明。我试着与每一个学生私下交流，了解他们的志向——当时没有任何科技手段可依赖，再说我也不会是这方面的行家——我们只是就一些看似寻常的话题漫谈。还是有许多学生言辞躲避。当然，有其他更好的办法，但它也必须可行。

我叫他们来我在邻近阿尔及尔的家里见面，这时就好很多。有不单单出于好奇而来的学生，我可以和他们交谈，借或赠予他们书，以新书为主，我们还会谈到当下的思潮和作家。

有学生毕业后被"文学预科班"录取，愿意提笔写作，这时我会尽一份力，提议一个主题，让他们把写成的文章发表在本地刊物上；自己私下写就的文字能够一见天光，我想这会鼓舞他们。于我而言，作品的发表是一剂兴奋剂。同时它也当是一剂显影剂，因为人如果不表达，便也无法认识自己。

这些文章内里的价值自然参差不齐，对此我不能抱有什么幻想。然而我不能不注意到，在这些作者当中，阿尔贝·加缪写到了柏格森（Bergson），又写到了广泛意义上的哲学。

在结识了我、见到我写作后，他才有了人可以"写作"的念头。在那之前，他结交的人大多有知识、有学问，却把想法藏在心里，这些人发表作品时，也只论及那些有公共和历史价值的事。谈论自己的确需要展露很大的勇气；我一开始便知道，可却情不自禁。看来我成了一个先例。

我是他的榜样吗？我是说，文学上的榜样？这并不取决于我。一开始或许是的。但早在《局外人》（*L'Étranger*）之前，差异就已显现，风格就已变得极度私人。

我是启迪他的人吗？是的，以十分迂回的方式。比如，我在用反差称颂地中海时，借助了一种凯尔特式的想象力，它钟爱海洋般流动的梦境。阿尔贝·加缪认为正是这些篇章启发了他。事物是趋近真实的，在辨认事物的同时，也暴露出辨认这一举动本身的局限。悬吊心头的幼芽，有多少在等候一次合适的境遇绽放！这不过是看时机。[1]

要问阿尔贝·加缪的思想在多大程度上获益于我，同样很难作答。一个时代有其特有的主题：第一次世界大战之后，涌现的浪漫主义思潮再度唤醒

---

[1] 一如但丁所言："小小的火花，后成为熊熊的烈火。"（出自《神曲》第一卷。）

有关孤独、死亡和绝望的永恒主题。《群岛》(*Les Îles*)（也即离群［Isolement］）[1]便是孤岛这一意象的续写，人处在孤岛之中，如帕斯卡尔（Pascal）所写："目睹人的盲目与痛苦……我开始不安，我像沉眠者被带到一座骇人的孤岛上，醒后既不知道身在何方，又无法从中脱逃。"

对于阿尔贝·加缪来说，这是一种绝望且不可容忍的世界观，因为它不给人留任何出路。也不尽然：它不是不承认宗教、社会、某种信仰、某种希望可作为人的出路，但当人间惨剧正在光天化日下上演，它轻描淡写地提起出路，默许慰藉人心的真理是私有领域，禁止没有钥匙的人入内。如果有出逃的门（门一词用在这里恰好合适），其就在和无法命名之物——自然，又不仅仅是自然——的片刻接触所激发的喜悦中。经由一条更接近蒙田和浪漫主义者，而远离帕斯卡尔和陀思妥耶夫斯基的道路，不必考虑"人"的事，就能从焦虑走向解脱。我这里所言的"人"原则上与形而上和超自然无涉。我

---

[1]《群岛》是让·格勒尼耶于1933年发表的散文作品。——译注

Albert Camus. Souvenirs

出逃的门朝向非人而开。[1]

就像阿尔贝·加缪在与我参加法国广播电视（R.T.F.）的某次访谈时所说："让·格勒尼耶，"他说，"不是一个人道主义者。"也就是说："他对人类感到失望，从别处寻求救赎。"而他不一样，他独独想要探索"可能性的田野"，他的作品强调人性，所以牵动人心。然而，人心得以被牵动，不正是由于对纯粹的渴求吗？他一开始迈出十足反抗的步伐，后来呼唤希望（他后来编过一套丛书，就叫这个名字[2]），这二者不矛盾，他踏上了一条领着他从不（non）走向好（oui）的道路，他曾解释过。

人道主义者？我倒觉得我是，因为一方面，我对古典文学、古老语言，对现代世界的局外人所追求的文化，对现代科学与技术怀有热爱。但另一方面，我仍然依附于一个"后间世界"。尽管我活在"此处"，我存在的关键部分也感觉身在"别处"，

---

[1] 与我们如今的理解恰恰相反，这并不意味着朝向"事物"而开。
[2] 指"希望丛书"（Collection Espoir），由加缪主编、伽利玛出版社出版，包含西蒙娜·薇依（Simone Weil）、勒内·夏尔（René Char）等人的作品。——译注

尽管我活在"现在",在极少数时候也会与永恒相重叠。

人道主义这个词应该有两层含义,于是两颗心灵可以既彼此贴近,又相互疏远。贴近是因为他们都热爱一切尘世的东西,热爱人生长的土壤。疏远是因为一方不满足于人性本身,另一方却甘愿受其束缚。

不满足的一方,大概是出于软弱。他推开递给他的酒杯,不是因为不愿,而是不胜酒力。人不该总是觉得超越现实才算理想。人可以在不属于时间的、不属于空间的、永恒的地带,仅仅寻求一份不在场证明。这令阿尔贝·加缪反感,在《鼠疫》(*La Peste*)中,他讥讽了这种存在(即上帝),这是其信徒们连想都不敢想的。在这点上,阿尔贝·加缪做到了自洽。

因此,加缪当然可以自称为人道主义者。他眼里只有人,他只谈论人;他视野所及处是人的生活,在时间上如此受限的生活,同时又充斥着不餍足的欲望与被判有罪的爱。如果说英勇与神圣于他有着重要的意义,那意义就体现在没有沾上英勇与神圣之光的人身上。他不否认有另一个世界、另一种生活的可能。那么如何看待不可知？只要它不可想象，他就能抵挡住诱惑，不去思考这个问题。

并不是只有这种姿态才崇高而神秘，远远不是。当下给予的生活痛苦又短暂，对这种生活的爱会触动像欧里庇得斯（Euripide）这样的人。但另一种姿态，人转身朝向彼世的姿态，同样与人道主义不相悖，比如信奉神话的亚历山大学派与俄耳甫斯派。它也并不一贯是、必然是软弱的象征。赐予人的与拒斥人的，二者的分界线由谁来划定？

但阿尔贝·加缪太怕上当了，有万全的准备，也不敢去哪怕是可疑的陌生地带冒险。

正如三个世纪之前有人所说，他绝不愿意断定任何事是正确的，除非他已经对这件事有了决断。这也是为什么他警惕"存在主义"。当我请他参与撰写一册名为《存在》（*L'Existence*）的合辑时，他表明自己与存在主义的距离。在知道仅仅是要分析存在后，才接受了邀约，并贡献了《反抗者》（*L'Homme révolté*）的开头部分。

*

因此可以理解，他读过《群岛》的几页片段后，为什么会被那种对人类命运的悲观看法触动。在这些片段中也有乐观的一面，即诉诸后世所谓的"有幸时刻"。但加缪认为这积极的一面比消极的一面更加阴暗。他可以朝着光明说好，前提是要斩钉截铁地说。我不一样，我的这声好不过是敲开脱逃之门的芝麻，对这种脱逃始终要打一个问号。

*

回想起他，重读他的信，听见他的话回荡在我记忆当中，这时我感觉好一些，我几乎实实在在地感觉到，他公开表现出的自信、偶尔显露的冷淡，或单单是那种满不在乎的神态，与他内心源源不绝的追问所形成的反差。战争爆发前不久，他来信说不确定自己是否是我眼中那个真正的思想家，他被各种观点矛盾的一面、动人而简单的一面所引诱，这不是精神上诚实的标志。但这种困扰证明他不是心血来潮的人。我对他在舞台上的演出表现大加赞赏。他回答说,其实他原本想做演员,但在他的国家里[1],这是不可能的,没有出路。总之,他不是某些日子里看起来的那样,或他希望自己看起来的那样,不是"幸福的人",因为他会计算幸福中运气的成分;不是"骄傲的人",因为他清楚自己对别人的亏欠;不是"自信的人",因为他总想知道自己的思想中有什么站得住脚,同时他又坚持己见,就像农民握紧自己耕作的土地上结出的果实,有收获是因为有劳作:一切都是他挣来的,不是凭运气。

不宜去说加缪一生中的变故和危机,这些我也切身经历过。它们是个人传记要处理的问题。不过,对他先是将《反与正》(*L' Envers et l' Endroit*),很久后又将《反抗者》献予我,还一直表露对我作品的兴趣,我理应表达谢意。说到这未免显得不够自谦。就我而言,我总觉得他对我作品的褒奖言过其实,那些作品的价值参差不齐,而且并不总是和他方向一致,远远不是。我替道教的无为学说辩护,

---

[1] 这里是说阿尔及利亚。

而他认为道教讨巧地阐述了一种背离生活的思想，矛盾且不可行，他很坦诚，没有像对其他人的作品那样对我说好话。对他来说至关重要，并可能影响他作品的，我想是这三部：《群岛》《地中海的启迪》（*Inspirations méditerranéennes*）与《论正统性思想》（*Essai sur l'esprit d'orthodoxie*）。他欣赏其一的无依无靠感，其二对太阳的迷恋，其三对真理的热爱。在加缪的作品中，可以找到他阅读这些书的留痕，更确切地说，是他阅读后的思考。

可他对我的仰慕令我无所适从。读到他给再版《群岛》写的前言，我困惑极了。加缪每次出书前会先把书拿给我读过，考虑我的意见（那大多只关乎细枝末节），这已经太过了；他还告诉我，自己在卢马兰（Lourmarin）——我 1925 年后常去生活的村庄——买了座房子，和我说："我追随着你的脚步。"（但他来这里，是好几年前，受他十分崇敬和交好的勒内·夏尔的吸引。）他终于还是写了这篇序言，我曾暗示他我很乐意他这么做。那是 1958 年的 10 月。我推迟了出版，希望他能把序言朝不是那么顺耳的方向修改。1959 年 12 月 28 日，他写信来说:"我盼望收到再版的《群岛》。出版推迟了吗?"我无暇回信,只发过去一份表示祝愿的电报。他于是没能见到这篇序言发表,这成了加缪遗留的馈赠。

或许不该在谈论别人时提起自己,但这是谁之过呢?我过了很久才知道,阿尔贝·加缪一再说他受我许多扶助。在人们向我打听他、求我举荐的时候,我才意识到大家太相信他的话了。一个人在不知不觉中施加给一位青少年的影响,根本是变幻莫测的事,为此我竭尽所有力气,试图准确还原事实真相。他比我小 15 岁,在当年我认识他的时候(他17 岁),这是相当大的年龄差。

渐渐地,我注意到他对我的崇敬发生了变化。从衷心的感激,变成纪念物一般的东西,像是永恒印刻在石头上的铭文。路过的人不过读上一读,那上面我以他"老师"的身份,名字和他写在一起,哪怕我们之间有那么多不言而喻的分歧和空隙。

故事或许就是这么写成的,即便吻合事实,却也抛开了本质的,也就是被书本视作浅显、琐碎和日常的东西：那些我们曾经说过的，特别是未能说出口的一切，我们每时每刻都在亲身经历着，为了我们所爱的人。[1]

---

[1] 而蒙田有幸能够写下这样的句子："失去朋友时，最美妙的安慰莫过于知道没什么忘记同他们说的，知道曾有过圆满的往来。"

II

Albert Camus. Souvenirs

阿尔贝·加缪是为什么，又是怎样加入共产党的？尽管加缪的作品与他短期加入共产党并无直接牵连，仍有很多人疑惑和提出这个问题。

*

人民阵线时期[1]，阿尔及尔的阿拉伯人群情激愤，他们的欧洲朋友也出人意料地加入了进来。首批示威者开了个好头，尽管这些人并不一定清楚示威的意义所在。不识字的人将"遍地苏共分子"（Les Soviets partout）喊成了"鞋子人人有份！"（Des souliers pour tous！）。听上去几乎是一回事，明白人也知道，确实是一回事。"文化之家"（Maison de la Culture）创立后，加缪任秘书长，主办了许多会议。在"文化之家"中，他构想了地中海文化的必要性这一主题，前提是这种文化不像法西斯宣传

---

[1] 人民阵线（Front populaire）是由包括法国共产党在内的多个法国左翼运动在战间期组成的政治联盟，于1936—1938年执政。——译注

的那样，是某种充满神秘色彩的拉丁文明；他希望地中海文化能够让西班牙获得更重要的地位，一直以来，是这个国家联结欧洲和北非，并证明二者同以东方为起源。于是有了"法国–穆斯林同盟"，展现土著参与议会的宣传册的发行，我曾去发言的"思想"（Esprit）团体的创立。"学生联盟"（L'Union fédérale des étudiants）的诞生也是为了实现土著解放和社会进步的目标。在"文化之家"的分支"劳工影院"（Ciné-travail）的带领下，阿尔及尔和同省多城举办了电影放映活动。我亲眼见证的有：法朗士·麦绥莱勒（Frans Maseerel）的《思想》（L'Idée）、讲述西班牙内战的《西班牙1936》（Espagne 1936）、讲述1914—1917年的苏联电影《三个女人》（Les Amies）、由西班牙共和军民兵拍摄的《攻占谢塔莫》（La Prise de Sietamo），不一而足。

就在这时，纪德的《从苏联归来》（Retour de l'U.R.S.S.）一书引发轰动。1936年11月，《公社》[1]之友小组主办了一场讨论会，内容毋庸多说，因

---

[1] 《公社》(Commune) 是一群共产主义知识分子主办的杂志，在巴黎出版，但读者群广泛，不仅限于巴黎。

为会上所提的观点之后都成为共识。总之，与会者和斯大林站在一边，认为不该把斯大林和希特勒、墨索里尼那样的独裁者相提并论，斯大林和别人不同的是，他为所有苏联人发声。纪德对政治和经济问题的了解不足，讲话太轻率，总之，他坦言自己的书不合时宜。再说，那个国家（苏联）拥有藏书900万册的图书馆，人们想读任何书都能读到，怎么能宣称它扼杀文化呢？

这次会议加缪没有参加，我也就不赘述。提及它是因为它证明有许多人极度渴望政权更迭，并为之矢志不渝。

更具特色的是在巴布瓦德（Bab-el-Oued）的帕多瓦尼海滨浴场上演的戏剧演出，由阿尔贝·加缪和他在"劳工剧团"[1]（Théâtre du Travail）的伙伴一同主办。我还记得那是一间木头房子，外观十分简陋，拿支架撑着，立在海边。来洗浴的人先是在楼下小木屋将脱下的衣服穿好，接着上楼用餐，周日还有舞会。正是在那里上演了改编成戏剧的《轻

---

[1] 远离活跃政治场后演变为"队友剧团"（Théâtre de l'Équipe）。

蔑时代》[1]（*Temps du mépris*），马尔罗在电报中热情给予了授权。那显然只是一次临时制作的业余演出：路易斯·米克尔（Louis Miquel）搭建的简易布景、纳粹党卫队的制服、新式戏服，以及观众客串的参会者。但那次演出激情澎湃，堪比《阿斯图里亚斯起义》[2]（*Révolte dans les Asturies*），只是后者没有获得演出许可。

所有这些活动，阿尔贝·加缪都是组织者。我曾想，凭他的天赋，理应去政坛大显身手。他这个年纪自然有抱负，是他就更理所当然。他会把精力投向哪一个方向？当然是受理想和成就驱动，能够激发热忱的方向。（我很惊讶，竟然需要一场准革命，来促成带薪休假、减少每周工时等改革。）共产党是人民阵线的"激进翼"，有战斗力且有规矩。他可以是又一个于连·索莱尔（Julien Sorel），保证走出一条实至名归的仕途。与此同时，像共产党

---

[1] 安德烈·马尔罗（André Malraux）1935年发表的小说作品，讲述了德国共产党人与纳粹的斗争。——译注
[2] 加缪与三位友人集体创作的戏剧作品，1936年问世，讲述了1934年西班牙阿斯图里亚斯工人起义运动。——译注

Albert Camus. Souvenirs

这样的人民的政党需要"干部"。"干部"是当下的说法,那时候我们称之为"负责同志";还有一个更直白,但已经废弃(只有被鄙夷的政权才会用)的名号:"领导"。

我于是建议阿尔贝·加缪加入共产党。

阿尔贝·加缪会不会非常严肃地否决这个选择?我想不会。他尊重信仰,但不会成为某种信仰的信徒。他的思想轨迹没有带领他倒向任何一种教义,尽管他在信中写道,自己曾以古希腊文明和基督教为冥想主题(他的学位论文和写柏格森的文章可以为证,后者曾刊登在我主编的《南方》[Sud]杂志学生随笔专号上[1])。他是自持的人,宁愿寻找原初的真理,从中总结出生活与思考的方法。当时,他对自己落入的屈辱境地有着鲜明体会,到手的奖学金和零工只堪一时之用,无法弥补长久的贫乏。他觉得自己和布尔乔亚们站在同一阵线,那是个他不熟悉而又洋溢着热情友爱的阶层,这个想法

---

[1] 1932年6月,《南方》同期刊登了加缪的一篇讨论叔本华与尼采的音乐思想的文章。1933年还刊登过一篇论文。参见罗热·基里奥(Roger Quilliot)编辑的七星文库版《加缪全集》第二卷。

曾出现在短篇小说《沉默的人们》(*Les Muets*)中。欧洲人与本地土著处境的不平等刺痛了他。总之，他准备好要开启一段事业，其间好处与风险，均不会令他否定自己的信念——那反而是他冒险实现自我的机会，否则他的生活将不可想象。一切似乎都在为那个选择辩护。有天夜里，我和加缪从我住的水蛇公园（Parc d'Hydra）尽头一直走，走到他搭车进城的瓦伊罗柱（Colonne Voirol），那时候，我真心是这样想的。

我错了。我没想到阿尔及利亚共产党的政策会发生如此大的转变，到了拒不承认当时唯一的反对党阿尔及利亚人民党[1]（P.P.A.），也不支持其领袖的地步——出于战略原因的考虑。或许分裂总会发生，到了某时某刻，必须在手段和目的之间作出选择。阿尔贝·加缪不会逃避。

我建议他参加共产党，是不尊重他吗？不。我只是想当然了，没能真正设身处地为他着想。我同

---

[1] 阿尔及利亚民族主义政党"北非之星"（Étoile nord-africaine）在1937年遭法国当局取缔后，于同年重组为阿尔及利亚人民党，在梅萨利·哈吉（Messali Hadj）的领导下，仍然主张结束法国在阿尔及利亚的殖民统治。——译注

样没有料到事情会这样发展。[1]

起初，看到阿尔贝·加缪走上那条我建议的道路，我很满意。后来，看到他走上另一条路，一条没有外力干预、真正属于他自己的路，我为他高兴。一切仿佛是他接受的一次考验——事实当然并非如此——一次必定让他成长的考验。

这封信写于8月21日[2]的蒂帕扎（Tipasa），加缪在附言里说，自己正是在那里寻回内心失去的宁静。远隔数年，这封信更加使我感动。

> 您叫我参加共产党的建议有道理。我从巴利阿里（Baléares）回来后就干。我承认一切都将我引向他们，我决心去体验。那些因为我的反对，而成为横亘在我和共产主义间的阻碍，或许亲身去经历一番更好。我会把计划看得更清楚，也会明白对某些论点应给予何种价值。

---

[1] 我是从这个总体准则出发的：人有权获得幸福，但不一定有权获得真理。我当时以为，探索真理所引发的顾虑和折磨，只会留给那些命途不幸、对世界不抱期望的人。

[2] 1934年。

我想了很多，目前看来，共产主义的过激建立在一定的误解之上，这些误解可以被驳斥，而不会造成任何损害。还有就是，共产主义有时不同于共产主义者。长期以来使我却步、使这么多人却步的，是共产主义缺乏的宗教意识。马克思主义者意图建立一种人可以自给自足的道德。这听上去太过"世俗和强制"，爱德华·赫里欧（Edouard Herriot）式人文主义的意味太重。但也可以把共产主义理解为一种准备，一种苦修，它将为更富精神性的活动铺路。总之，它渴望摆脱伪理想主义和受控的乐观主义，以建立一种人能够寻回其永恒意义的状态。正是在我将要尝试的这次（堂堂正正的）体验中，我会始终拒绝置《资本论》于生活和人之间。任何教义都能够且必须演变。要我笃信某些思想——这些思想引领我回到最初、回到童年伙伴跟前、回到一切塑造我感性之物身边——这便足够了。

其余还有许多值得思考的点（与进步的幻觉相联系的虚假理性主义，以唯独工人阶级的幸福和胜利为最终目标的阶级斗争和历史唯物主义)。

将人引向共产主义的,我想更多的是生活,而不是思想。请告诉我您怎么想。您知道我会有哪些疑虑和希冀。我有一个强烈的渴望,那便是看到荼毒人类的不幸和痛苦减少!

Albert Camus. Souvenirs

阿尔贝·加缪加入共产党不是无条件的，但也不失坚决。这使他在行事果断的同时，又保留了自由思考的权利。即便是在脱离共产党后，他仍旧表示自己不愿对事态的发展保持无动于衷。人能够"既接受有利于共产主义的行动，又对其持悲观态度"。

所以他赞同安德烈·纪德在《从苏联归来》中提出的观点，以及我在《论正统性思想》中的主张（他在很久之后，仍然声称这是一部具有现实意义的书）。但他从不是弃权政治的拥护者。

匈牙利事件[1]发生时，他指出，那位反对他的作家理应承认"我错了"，但后者没有这样做。尽管如此，加缪还是认为对方发自真心，不知道怎么会有人质疑他的一片赤忱。

总的来说，对当时与他立场相对的人，加缪指责他们迷醉于这个首先代表历史进程，其次团结工人群体的政党的威势。前者关乎历史哲学：而黑格

---

[1] 1956 年 10 月 23 日至 11 月 4 日发生在匈牙利的武装事件。——译注

尔的历史哲学是不容置疑的！"于是没人真正同我争论。"他说。

据加缪说，他们还特别害怕与所谓共产党代表的工人阶级群众切断联系。然而，当时工人中党员的比例并不尽如人意。

阿尔贝·加缪当然不反对与共产党展开对话。他曾应我之请，加入我所在的一家协会，该协会力图集结欧洲的作家、艺术家，以召开专家会议的形式，为缓和局势提供可能。他随后就退出了，说假如无法以个人名义参与某个团体，便不如不参与——我非常赞同。事实是，协会委员会完全可以自以为是地起草这些或那些宣言、做出这些或那些空前之举，而不用预先征求所有成员的意见。

他觉得这难以想象、难以接受。虽然两种政治体系多有龃龉，他仍受邀与敌对阵营进行对话。双方须首先就自己赞同与质疑的部分予以说明。能说还不够，更是必须说，"在我看来，真切的光芒、对能够交汇和不能交汇之处界限的定义，是灵魂达成理解和一致的充分不必要前提"，他写道。

总的来说，阿尔贝·加缪对部分文人并不十分尊重。他认为他们行事犹如女子，一副被强权吓住的姿态。

话说回来，权宜的考量一概不会影响加缪，曾有一位十足正派的人士就《反抗者》对他表示："真可惜！您的书很美，却在右派那边大获成功！"他对此无法苟同。

*

阿尔贝·加缪始终面临一个关键问题：西班牙。他从不错过任何抗议佛朗哥政权的机会，无论是以书面还是口头的形式。佛朗哥政权尚存一天，他便不允许自己踏入西班牙一步。

*

这一切众所周知。而不那么为人所知的，是他为争取政治犯获赦而多少次奔走，一个人同国外乃至法国的大人物打交道。他与库斯勒[1]合著了一本支持废除死刑的书，很有名气。他的父亲曾在阿尔及尔见证过一次死刑场面（由他的母亲向他转述），那种恶心感，在现下的状况里，他不会觉得陌生；这种恶心感被纳入一种更广泛的观点："如果自然（或上帝）判处人死刑，至少人自己不要那么做！"

有关这个问题，阿尔贝·加缪着手收集资料——他身上一个显著的特点，就是在选择立场前，尽可能准确而翔实地获取信息。他见到支持保留死刑的P. Z.，后者向他引述了许多《旧约圣经》中的句子。"我问他：'那么《新约圣经》呢？'他回答我说：'我们仍然活在《旧约圣经》的世界。'"（当然，这是对方的一己之见。）

*

以公正或自由的名义，号称要筛查国家或政党

---

[1] 阿瑟·库斯勒（Arthur Kœstler），匈牙利犹太裔英国作家、记者和批评家，著有《中午的黑暗》。后文提及作品为《反思死刑》（*Réflexions sur la peine capitale*），系与加缪合著。——译注

的号令，认可其中的一些、拒绝另一些，这样的人可能会被斥为反动派或保守分子。

您是否想要革命？人们问他。如果是，请接受革命不顾您的原则、正义和自由。如果否，您就是最不入流的布尔乔亚，最恶劣的同流者。

人们以极端主义自居，视之为强者的美德，指责他人的温和甚至平庸。

这时无需再提起那场首先关乎历史哲学而非个人观点的争论，每个人或多或少都曾有机会在这场争论中站队。

阿尔贝·加缪的政治思想具有双重特性：平和而又介入，远离而又靠近世事。比起公开演说、宣言和文章，他的疏离感更多体现在会话和信件中。在这一点上，他和许多私下里意见激烈，公开则保持沉默或泛泛而谈的人恰好相反。即是说，他在必要时崭露勇气，而又没有丧失对可能性、细微处的感知。

正因此，1949 年，当一位名叫盖瑞·戴维斯[1]

---

[1] 国际和平主义活动家，因放弃美国公民身份并于 1948 年闯入联合国会议，提出建立世界政府而闻名。加缪曾与安德烈·布勒东、克劳德·布尔代（Claude Bourdet）等人创立盖瑞·戴维斯团结委员会，以示对他的支持。——译注

（Gary Davis）的美国年轻人宣称自己是"世界公民"，不服从任何动员令，从而引发哗然一片时，加缪声援了他。加缪当时说，重读《堂吉诃德》，当真感觉戴维斯的"气质有如瘦弱的桑丘，加之他主人的疯劲"。紧接着铺天盖地都是抨击加缪的话，有的指责他是美国走狗，另有的说他为苏联做事。他很想往丛林世界中注入少许道德，他宣扬正义与和平，这有赖他自身的努力。他的"非洲"脾性更多将他引向极端；他不得不自我克制（就像提议阿尔及利亚停火时做的那样），方能倡导和解。一边是欧洲受数百万饥肠辘辘、不惧丧命的人威胁，另一边只有怀疑论者和饱食者。还有什么空间留给这位饱含工作热情、需要获得支持、更需要生活在正义环境中的艺术家呢？人必须热爱正义和真理。只不过这时候，人往往茕茕孑立。

III

Albert Camus. Souvenirs

艺术家可以同时是批评家吗？他可以在创作的同时评判自己的作品吗？不，不能同时。阿尔贝·加缪说："艺术家只知道自己在做什么……"他坚持创作中要有明暗之分。

但一旦承认作品有先前与以后，那和作品中间不相容的东西就消失了。阿尔贝·加缪写作十分投入，同时很清醒。此处我将谈到他对自己作品的一些思考和回应。

有关《局外人》，他知道审判这一主题会令人联想到卡夫卡。不过他没有放弃，毕竟他曾有参与大型审讯的经历，不会主观臆断地写作……而且不同于卡夫卡的符号化人物情节，书里的人物情节都相当私人化、相当日常。

阿尔贝·加缪的诸多观念和理论都汲取自戏剧，这绝不是夸大其词，他的理论源自实践。他认为戏剧需要运动——而非无序。正因此，他赋予卡利古拉[1]相当平庸的反抗动机。

在他看来，戏剧作品应该首先服从于运动；它不应该是知识分子式的；思考应该排在行动之后。莎士比亚的思考不就是遍拾所得，取材自最平庸的现实和最老套的陈词滥调吗？

创作《卡利古拉》时，他追寻简单的观念、动人的情境（situation）和不间断的情节（action）。这种别树一帜的戏剧观，和严格意义上的观念戏剧或马里沃体[2]截然不同，马里沃体中的观点互不冲突，而是通过多种面貌被呈现给观众，目的是像游戏一样诱惑他们，而不是说服甚或是训练他们。

阿尔贝·加缪上文科预科班时，我曾在他面前引用和夸赞苏埃托尼乌斯（Suétone）的《罗马十二帝王传》（*Vies des Douze Césars*），那时我是出于一个浪漫主义者、邓南遮[3]主义者的角度。当卡利

1　戏剧《卡利古拉》（*Caligula*）为加缪于1938年所著，讲述国王卡利古拉因失去心爱的女人，而变身暴君，将荒诞与恶的逻辑推行到极致的故事。——译注

2　法国18世纪剧作家马里沃（Marivaux）的作品言辞文雅、风格细腻，后世称其为"马里沃体"。——译注

3　加布里埃尔·邓南遮（Gabriele d'Annunzio，1863—1938），意大利唯美派诗人、小说家、剧作家。——译注

古拉一视同仁地谴责有罪者和无辜者,说"他们全都有罪!",那种沉着的气魄很合我的意。一个野蛮的尼采——这便是我眼中的国王卡利古拉(光是病夫、疯子还不够)。

我还在他身上看到了怀旧的纯粹——在纯粹面前,一切再是迥异的事物也失去差别,一切事物变得一模一样。这是对挥霍道德的泛神论的歌颂。

在把卡利古拉搬到自己的作品中后,阿尔贝·加缪又为他添加了极富人性的一面,这让人物性格变得动人起来。卡利古拉暴虐而又温柔;他正是因为太过温柔,太过依恋失去的情人,才变得暴虐;他的行为动机是绝望,而绝望不是人人都能体会到的。

《误会》[1](*Le Malentendu*)曾是我钟爱的一部剧,尽管我对其中几幕戏的笔调持保留意见——在这一点上,我们两人一直存有分歧,这种分歧是性情而非感情、是表达而非想法导致的。绝望无论是出于对太阳和大海的怀念,还是来自《卡利古拉》

---

[1] 加缪的三幕戏剧作品,著于 1943 年,于 1944 年在巴黎首演,为"荒谬系列"(Cycle de l'absurde)四部曲其中之一。——译注

中纯粹的丧失，至少于我都一样动人。

但形而上学层面的失去与物质层面的失去不该被狭隘地等同一论。这出剧的主旨确切地说是帕斯卡尔式的逃亡。作者本人也承认。他说《误会》讲述了一个无法寻回的失乐园的故事——比他以往的作品更加人道，但并不更积极。

他立志摆脱对希腊神话的摹仿，创作"一出现代悲剧"。他体会到这项事业艰难至极：如何保持必要距离，而又不落入滑稽？笔调至关重要。太过通俗，或表达太过庄重，都不合适。（据我所知，该剧首演后加缪即作了修改。）

这两出剧一同出版。（1938—1943年，《卡利古拉》的文本曾围绕主题有过缩减。）阿尔贝·加缪认为，鉴于两部作品的技法完全相反，整册书也便有了平衡。

《西西弗神话》（*Le Mythe de Sisyphe*）表达了阿尔贝·加缪深入的思考。他热衷于细述这些思考，勾勒其轮廓。

他希望统帅他的生命与思想，与他的热爱一同度日。但他认为除非极端情况，这几乎不可能实现。尼采便是这样疯的。

在这个荒谬的世界里，如自尊、忠诚这些属于孤独者、无神论者和贵族的品质还保留着它们的意义。但它们导向的结论让人无法接受。真理确实可以被发现它的人所否认。

我们不该从游戏者（joueur）或心血来潮者的处境中攫取好处。信奉一个完全无视人的价值的世界，后果可能很严重，并且不值得。最好将目光从这种消沉意志的场景上移开。它不是不让人迷醉。但正如纽曼（Newman）所说，只有在放弃世上万物的那刻，才能够欣赏它们。这当然也是他的一己之见。

不久后（1945年），他重提"荒谬"这个主题，辩称他的随笔把一切都概括了：很简单，他只是想从"无意义的哲学"中得出合乎逻辑的结果。他努力做到严密。

可惜，荒谬会让人无法采取任何价值判断，而他觉得这是不可能的，我们的一切行为都涉及价值判断。无论我们如何告诉自己百无禁忌，有些事我们依然不会做，有些话我们不会否认……此后他总结道："有荒谬的神话，没有荒谬的思想。"

那什么是他的视域？他借着某种意义上的屈服，某种自己尚且无法界定的恒心，想要认同这个世界，就像在友情或爱情中那样。但他深知这难以实现。先别气馁！他写道。还不是时候。要做到"像运用太阳那样运用阴影"，还需等候。

等候的同时，他耗费了大量心血撰写《反抗者》，尤其那时正是战后困难时期，要付出的努力只会更多。我当时刚刚动身前往埃及，相比水深火热的法国，那里富足有如天堂。

他劝我不必内疚。对幸福的人、享受生命的人来说，这再好不过。可见阿尔贝·加缪产生了一个重要念头和深刻感悟。在1945年的这个严冬，他不堪生活所困，渴望破禁消遣。他说，人不能在激愤中工作，还说自己三年来日日无休。这些没有被写进他的作品，但在某部描写离群多过合群的人的小说里，或许有过流露。

他正创作《反抗者》，试图借这本书驳斥荒唐的历史崇拜、权力意志崇拜。

于是自然而然地，他开始批判起黑格尔主义和尼采主义。

黑格尔他没什么要顾忌的。

尼采则不一样。加缪欠他许多，难以将他抛却；但尼采主义在某种意义上只是延伸了黑格尔划定的界限。加缪承认我们活在历史之中——这与认为历史就是一切，中间犹隔天堑。因为我们虽活在历史之中，却死于历史之外，他说。我于是想起波舒哀（Bossuet）的那句话：我们将一同孤独地死去。就这样，加缪回到古希腊和基督教的观念上来。

在尤阿尼戴斯（Joannidès）主编的《希腊之旅》（*Le voyage en Grèce*）杂志一期有关地中海人的特刊上，他最终想说明一点：当我们被迫要在俄国人和大西洋人中择其一时，还余留一种选择，那便是地中海人。

希腊思想一贯叫他惊叹。他曾问我伊壁鸠鲁（Epicure）的残篇当前是否有法文版，又说："我走得越远,就越是被希腊人那么多真实又新颖的创作所震撼。"

希腊人的创作"真实":这一点如今依然广受认同;但许多人否认其"新颖",原因是这些创作要么从久远的过去获取真理(如欧几里德的几何学),要么已经被近一两个世纪以来时兴的真理取代,这种真理自历史中获取,视"本质"为永恒不断的"生成"。

从美国回来后,阿尔贝·加缪重新投入《鼠疫》的创作。但完稿难之又难。他不满意他的写作。他质疑这本书。质疑自己。他没有沉醉在扬名立万中。但他不后悔成名是一定的;既然要发表作品,当然不好做无名小卒,他想。大多数时候确实如他所愿。但他没料到自己会取得这样的成功,到如今不堪其扰。也许读者和他一样,会对这本酝酿中的新书感到失望。这样一本反响极好、书迷不断的作品竟会受到质疑,真叫人诧异。只识加缪作家身份的人大概想不到,其实阿尔贝·加缪时常为沮丧困扰。

他不愿被党派、教会里招兵买马的人纠缠,余下的人，他说，也不让他清静。他对独立的索求被所有人回绝。

还有一个更严重的问题：关于永恒价值。加缪不否认价值的存在，并在《鼠疫》里肯定了价值于人性层面的存在。然而，他认为肯定任何一种价值，都会促成对价值本身的确认。此时他坦荡地犹豫了，一个两难困境将他割裂：假如不存在永恒价值，便意味着共产主义是对的，建立新社会没有讨价还价的余地，反之则意味着承认绝对真理。他认为调和——无论多么惹人向往——无望实现。纵然如此，他也不接受暴力或不公的主宰。

和所有稍微用心些的读者一样，《鼠疫》给我留下的印象一开始并不鲜明，到后来却越发悠久和深刻。初读书中某些片段——有里厄（Rieux）出场的片段——真是激动人心。我和阿尔贝·加缪分享了我的感受。我很早就清楚，洞悉所谓"病"题的人会受其折磨。我接受的教育、我的个性让我倾向于认为负罪感是病的源头，而加缪不这么想。

虽然阿尔贝·加缪常常表态干脆，思想却不那么决绝。他的头脑经历了一场缓慢的演变。

他反抗"正义"施加给人的惩罚，因为他始终保留着最基本的反应。解放后某天，他去参加一场所谓的肃清审判[1]。他眼中的被告似乎是有罪的。但他在庭审还没结束时就退场了，因为他感到自己跟这个人站在一边，他"与他同在"（借用加缪自己的话）。他再也不想参与类似的审讯了。不做刽子手，也不当受害者！他在《战斗报》（Combat）上这样写道。他认为每个有罪者身上都有无辜的部分。

为了抵达真理，终究要把这两个对立的词相并列。人既不无辜，也不有罪。在哪种程度上，哪种限度下呢？我们不知道。在等待中——鉴于等待是临时的道德——代替作家发声的里厄相信，我们必须治愈能够治愈的一切。无知的剖白，却也是决心的表现，也就是说，无论结局多么飘渺不定，务必行动起来。

《戒严》[2]（*L'État de siège*）首演极为卖座——

---

[1] 指1944年法国解放后对二战期间通敌分子（法奸）进行的审判。——译注

[2] 加缪1948年所著戏剧，同样以瘟疫暴发为故事背景。——译注

除了加缪的光环，还因为主创中有光芒万丈的巴尔蒂斯[1]与巴罗[2]——但反响一点也不好。尽管阿尔贝·加缪下了所有功夫撰写剧本，更将全部心力倾注到演出筹备中。5个星期里，他从下午两点一直工作到凌晨两点。他的拥趸与对手都来观演，但评价总的来说都很不利，这出剧仅仅上演了二十三轮。这些是我从报纸上、从他写来的信里读来的。

他没有假惺惺地享受失败，也没有表现得无动于衷。从这次失败中，他反倒收获了许多"微妙"的满足，比如邀约的减少。就该剧本身而言，他称之为"一次建立现代道德的尝试"，又说："我清楚它的缺陷，但我已经投入了我的激情。从（广义上的）某一侧来看，这出剧讲的是爱情。无论如何，我写的是我心里正上演的剧。"

阿尔贝·加缪心里正有的这出剧，是《正义者》

---

[1] 巴尔蒂斯（Balthus, 1908—2001），法国著名具象派画家，《戒严》一剧的布景师。——译注
[2] 巴罗（Jean-Louis Barrault, 1910—1994），法国著名演员、导演，《戒严》一剧的导演。——译注

(*Les Justes*)。一开始他起的题目叫《无辜者》(*Les Innocents*)。我指出这个词模糊不清,既可表示贬义,又意含赞美。他解释道:"唯独我觉得《无辜者》有一层讽刺的意味。诚然,这些人是正义者。但狂热是有代价的。"

虽然主演才华横溢,演出评价却褒贬不一,不算圆满。到后来情形才有转变。

1955 年,《流放与王国》(*L'Exil et le Royaume*) 成书后[1],他有意写一本他所谓的"直接"小说,这种小说区别于从前那种"构想的神话"。他事先表示,这本小说将是一次"教育"(参照《情感教育》[*L'Éducation sentimentale*])或其对等物。我后来才醒悟,他是想到了《第一个人》(*Premier homme*)。

相比起对个人观点的重视,阿尔贝·加缪在谈到自己的作品时,反而表现冷淡。他除了受病痛、

---

[1] 他没有料到,《流放与王国》中的一篇短篇小说会被扩写成《堕落》(*La Chute*)。这已有人提到过。

战火、流亡他乡煎熬,还常常对着一页白纸灰心丧气。44 岁时(1957 年),他扪心自问,是否应该放弃这种徒劳的努力,他为此远离他人(并因此自责),远离"自身的一大部分"。他正是在获颁诺贝尔奖前夕,有了以上思索。

他不曾祈求这份诺贝尔奖。他也没有拒领。他有什么理由这样做呢?获奖的消息传来时,他有些发昏。他想自己有必要离远一些。于是在赶赴斯德哥尔摩前,他先去了一趟阿尔及利亚,去收集那些构成自传的要素,那份自传不仅有关他自己,还有关"第一个人",也就是那个可怜的欧洲人,他踏上一片居心不良的异域并扎根下来,最终缔造出一种全新的人。这至少是该书的意图之一。

对孤独和宁静的索求,促使他去往卢马兰定居,他在那里忙自己的工作,进展顺利。他对一切言说、一切书写,一切"现代"的、"时代"的,包括他曾经的作品,感到"发自内心的厌倦"。

他打算过怎样的生活?他在 1959 年 12 月 28 日的信里有过吐露,那正是他和挚友米歇尔·伽利玛(Michel Gallimard)驱车回巴黎的一周以前,这场从桑斯至枫丹白露的归途将永远无法完成了。他在卢马兰的居所里度过了6周。在那里,他勤于工作,过着孤独而朴素的隐士生活,那样的日子正适合工作,尽管他说工作是他加诸自身的暴力,有必要也有好处。

他打算时而住在巴黎,时而回卢马兰居住,他总是乐于回去的,这个美丽的村庄令他受益,也予他宁静。

IV

Albert Camus. Souvenirs

这是文学史上的一大悖论。阿尔贝·加缪在文学品位形成的青少年时期，曾有几年在姨父家借住，那里收集的阿纳托尔·法郎士（Anatole France）全套作品成了他的精神食粮。连阿尔贝·加缪自己也觉得惊奇：年轻时竟读了这样一位故纸堆里的作家！这让"熏陶""师承"方面的专家没了用武之地。

阿尔贝·加缪的姨父阿库先生（M. Acault）是位屠夫，开了家叫"法兰西 – 不列颠"的肉店，据他说，取这个名字是为告诉布尔乔亚们，这里售卖的肉品质上乘。他是个自力更生的男人，个性独特。我认识他时，他应该还不到 50 岁——精力充沛、满嘴俏皮话，像是拉伯雷书里走出的人物，还是个美食家。他最爱的一道菜是里昂香肠。他曾在里昂生活过。他外甥和我说，姨父在安那其主义的美好年代，曾是一位无政府主义斗士。一些激进的观点得以残留——他对共产党的不满，不比对右翼党派和教会少。他的青年时光诠释了他对阿纳托尔·法郎士的热衷，那时候，人们视法郎士为最完美的作家，后无来者。

不过，阿库仰慕的不止有法郎士，后来还多了乔伊斯，《尤利西斯》他读了一遍又一遍。兴许是为书中幽默而轻佻的笔调着迷吧。我在米什雷大街的文艺复兴咖啡厅（Café de la Renaissance）和他饮过一次茴香酒，就在他家肉店对面。

阿尔贝·加缪很早便明确了身为作家的使命。早在——尽管时间早晚证明不了什么——阿尔及尔中学读书时，他就与同学迪迪埃（Didier）（他后来成了耶稣会会士，几年前死于一场车祸）一起办报纸，报纸传阅到二年级或许还有一年级的班上。那年头的中学生爱这样消遣。

事情是在那一天变了性质，我在阿尔及尔的中央邮局前碰到刚结束毕业会考的他，他问我是否相信他能写作——指写出一些值得发表的东西；以及他是否有能耐继续哲学学业！

18岁的阿尔贝·加缪喜爱纪德，更胜当年的所有名家，他认为《纪德日记》（*Journal*）"富有人性"（这是其他很多作品中少有的品质）。

那时候，他没想到自己未来会和纪德在瓦努路的套房里同住上一段时日。在青年作家中，纪德钟爱萨特和加缪，他的评断以迅雷不及掩耳之势为公众舆论所印证。1951年，纪德离世，加缪不可谓不伤怀。

*

18岁的加缪，还视普鲁斯特为创造者（对他来说没有比这更高的赞美了），普鲁斯特的作品笔力刚劲、细节入微，二者的反差令他印象大为深刻。他景仰普鲁斯特至极，说自己释卷时内心酸涩。他说，我们在普鲁斯特那儿获得了这么多，以至于我们觉得、我们最终会想："一切都说尽了。再没能回去说的了。"我在偶然间，在尚不清楚普鲁斯特的世界是否适合他的时候，给了他《追忆似水年华》这本书，他的这份景仰于是令我更添欣慰。

*

我时不时会和他分享我读过且认为值得读的书。

比如拉歇尔·贝斯帕洛夫（Rachel Bespaloff）的《途径与十字路口》（*Cheminements et carrefours*）。从这本书中，他寻觅到一些想写的主题，而且他喜欢其"感性"的一面，可惜书里的思考太过紧凑（不过是优点被推向极致后变成了缺陷）。他对这本随笔集唯一的批评（我认为相当精彩），是它没有将"荒谬"一词和"非理性"一词的意思很好地区分开。尼采，他说，很少和克尔凯郭尔相遇。从加缪的作品中，我们可以清楚看到区分这二者的重要性。

加缪不是一位孜孜不倦的读者，但他喜欢关注那些新出版的精彩之作，哪怕这些作品属于和他相去甚远的领域。

有一本登场人物古怪、观点新颖的书令我印象深刻；它讲了一位生活十分低调的修士，只和本修道院的人相熟。但在和他叙谈的人当中，不乏柏格森这样的伟人。加缪对让·吉东（Jean Guitton）笔下这位崇高的人物也并非无动于衷，他为这本《普热神父的画像》（*Portrait de M. Pouget*）撰写了一篇文章，文章口吻很公道，并展露出超凡的宽容。[1]

---

[1] 有关这个话题，他后来说："我心目中的天主教思想始终甜苦参半。它诱惑我，接着又触犯我。"然后他得出结论："或许是我错失了关键。"关键在于信仰。

*

构思《反抗者》时,他希望在精神上做到诚实,于是读了大量的书,并接触到部分19世纪的思想家,这些思想家因为处于时代洪流之外,而很少被人提起。在撰写《正义者》之前,他还读了很多写1905年俄国革命的书。

他始终偏爱"道德学家"的书,比如他曾选取为讲座主题的尚伏(Chamfort)。他认为自己也是"道德学家",动听的"哲学家"称号就留给德国人和他们不计其数的信徒吧。

*

和萨特的关系如人们所知,他们虽然彼此尊重,但性格差异极大。对萨特发表在《南方手册》(*Cahiers du Sud*)上的《局外人》文评,加缪心怀感激,他欣赏萨特的解析,认可其中部分批评的合理性、部分意见的洞见性。令他迟疑的是这种"拆解"作品的做法,这篇充满才智的文评,没能揭示出作品创作中的本能特质。不过他承认,涉及批评时,规则如此。无论如何,反对萨特的人,必须先和萨特站在一起,这是他的结论。

*

阿尔贝·加缪自开启作家生涯以来,便辗转于两种殊异的环境中,在阿尔及尔,同辈的年轻人在书商夏尔洛[1]处发表作品,后来到了巴黎,则是《新法兰西杂志》[2](*N.R.F.*)的天下。夏尔洛曾是我的学生,从小就展露出对书籍和生意的浓厚兴趣——受这种兴趣驱使,他开了一间书店。店名取自吉奥诺(Giono)一本书的书名:《真财富》(*Les vraies richesses*)。他还以小册子的形式出版了袖珍本丛书"地中海"与杂志《海岸》(*Rivages*)。这些书刊的一大功绩,是为青年作家提供了仅有的成

---

[1] 爱德蒙·夏尔洛(Edmond Charlot),著名书商、出版商,与加缪同为阿尔及尔中学哲学班的学生,他先后在阿尔及尔和法国活动,是首位出版加缪作品的人。——译注
[2] 由纪德等人于20世纪初发起的文学和文学批评杂志,在法国文学界极具影响力。——译注

名机会。正是这样，阿尔贝·加缪出版了《反与正》和《婚礼集》（Noces）（在此之前，加缪还翻译过匿名作者的《安达卢西亚的科普拉斯》[Coplas andalouses]一文）。这两本小书立时俘获了阿尔及尔的一些学生，他们人数虽少，却是认真的读者。

伽利玛出版社很快采纳了《局外人》的手稿，将合同和定金寄送给作者，并在合同里预订了他接下来的10部作品。

他与《新法兰西杂志》的结交和往来，在此无需多费口舌。

*

在青年时期，最打动他、也是和他最亲近的书，我想是安德烈·德·里什欧（André de Richaud）的《痛苦》（La Douleur），以及路易·纪尤（Louis Guilloux）的《平民之家》（La Maison du Peuple）。他从我好友的这两本书里找到了自己。为纪尤的《伙伴》（Compagnons）所写的前言中，他陈明自己为什么会被这种书打动：它们以穷困且时而破裂的童年为作品的养分，并在旁人要藏匿和遗忘的东西中发掘出财富。高尔基的天才之处，不就在于永远不忘给他带来巨大痛苦的事物，永远不将不幸美化，仿佛只有通过伤口，美才能进入我们体内吗？

离世前几个月，他在读尼采的书信集。

他说，尼采谈论自己时，仿佛在谈论慈悲上帝，但他可悲不已。他不是慈悲上帝。

这让我想起很久以前，我向他推荐过一本化名发表的小书，名叫《尼采的神性》（*Divinité de Nietzsche*）。书本身就是这种神性的强烈印证。我曾经很爱这本书，它远不止是颂词，还是一种信德行为。埃兹的尼采！他当时——以及后来在都灵的自我坦白。

加缪认为这种信德行为是一次赌博，要认真以待，但始终可疑。不过，他理解并为人们对尼采的误解辩护，尼采向来有一种无意识的模仿意愿——比如模仿狄俄尼索斯，比如模仿基督。在加缪看来，尼采模仿这些人，又因为做自己而恼怒。可加缪想，人必须甘心做自己。

他最钦慕尼采的一点,是他持续与身体上的病痛斗争。加缪一言蔽之:"高尚不总是义务。但通常是义务促成了高尚。"这样说起他人,又何尝不是说起另一个自己呢?

文学上——文学和人性是分不开的——他最欣赏融写作与生命为一体的俄国作家,托尔斯泰居首(卢马兰的卧室里挂着他的相片),加缪宽宥了他的说教。陀思妥耶夫斯基令他着迷。所有的俄国作家他都感兴趣,就连谢德林(Chtchédrine)的《戈洛夫廖夫一家》(*Les Golovlev*),也叫他揪心和赞许。

阿尔贝·加缪基本不对名誉抱什么幻想。在他告诉我《夏天集》(*L'Été*)卖出两万册的那天——他当时才出版过几本书?——他和我讲了这个故事。

疗养院的病患们在圣拉扎尔火车站的图书馆寻觅我的书,未果。那儿的人不认识我。此外,管理图书馆的人和我说,因为您是疗养院读书委员会的成员[1],所以他们才想找您的书,看看您都写了些

---

[1] 读书委员会是欧洲的疗养院为病人提供的服务。——译注

什么。

后来还有人和他表示:"啊!加缪先生,您没说过您这么有名呀。不过现在我知道了,我看过您的电影。"(他说的是电影导演加缪[1]。)

他曾因《局外人》鹊起的声名,仅在文学界和年轻人中传扬,而这一次,熠熠生辉的诺贝尔奖让他的名字为天下人所知。阿尔贝·加缪曾获得"批评家大奖"(Prix des Critiques)[2]。尔后,他作品的译作越来越多。名望之下,他在海外的讲座愈加引得人们去了解他的作品。诺贝尔奖完成了这种祝圣。更何况作家在获得这样一份人人憧憬的大奖时,还正值壮年。

一次旅行中,我得知斯德哥尔摩的人都在谈论他,尤其是评审团里的新生代作家。由于巴黎报刊的总编们有责任预测重大事件、以免准备不周,于是几年间,他们一直邀请他参与会谈(所谓"采

---

[1] 此处应指法国导演马塞尔·加缪(Marcel Camus),1959年因电影《黑人奥菲斯》(*Orfeu Negro*)荣获戛纳电影节金棕榈奖。——译注
[2] 法国文学奖项,创立于1945年,评审团由出版界专业人士(文学批评家、期刊编辑)组成。加缪1947年因《鼠疫》获该奖项。——译注

访"），主题是："您刚刚获得诺贝尔奖。您对此作何反应？"

有的作家乐于提前作答，他们的答案或将永远不为人所知。阿尔贝·加缪拒绝了。他预想刚去斯德哥尔摩开过讲座的安德烈·马尔罗会获奖，也这样期望，加缪从在阿尔及尔改编《轻蔑时代》起，就一直非常崇敬马尔罗。

人们几乎是交口称赞。我说几乎，因为我没想到会出现猛烈的批评声。最恶毒的批评是将他比作苏利·普吕多姆（Sully Prudhomme），作为法国首位诺贝尔文学奖得主，普吕多姆的作品已经失去声望。有周刊邀我写一篇关于加缪的文章，阿尔贝·加缪劝我接受邀文，不过他也告诉我，敌视他的人将会比从前更多。

我意不在讲述琐事，也不想写文学逸闻，不想描绘文坛，或为谁画像。我只提一件事，那是阿尔贝·加缪去往斯德哥尔摩的前夕，他的数十位朋友响应菲利普·埃里亚（Philippe Hériat）的提议，为他举办了一场友爱而简朴的晚宴。我同样还留存着我们共进午餐的记忆，那是在诺贝尔奖公布后，他动身去阿尔及利亚之前。从他的言行来看，最近的遭遇似乎令他惊愕不已。他倒不是像其他人那样，装腔作势地抱怨；我想，当时的他再次见到母亲和老师，那就像项链的首尾两颗珠子在他手下再次串联一体——这幅我刚刚联想到的画面，是现实再好不过的象征。

V

Albert Camus. Souvenirs

阿尔贝·加缪年轻时对旅行感兴趣,后来这种兴趣衰退了。他的旅行并不总是愉快的。就比如 1936 年 7 月的奥地利之旅,他虽然在萨尔茨堡欣赏了园林和艺术杰作,但还是出于一些个人原因败了兴。而在布拉格这样的城市里,他受着孤独的折磨,更体会到流亡的痛苦。他在故乡也感受到同样的孤独。关于奥兰[1],他写过一些残酷的篇章,但这掩盖不了他对这座城市的依恋之情,只因它属于阿尔及利亚。对他来说,奥兰是一个粗野但丰沃的城市,一座灼热的迷宫,无聊是之中的弥诺陶洛斯[2](他为奥兰写的小书就叫《弥诺陶洛斯》)。有什么东西令他放下了一切,是太阳,是大海。他在奥兰附近大片荒废的沙滩边住了段时日,躲进像动物一样的生活里,这让他极为满足。"沙滩上的清晨仿佛

---

[1] 奥兰(Oran),阿尔及利亚第二大城市,《鼠疫》以该城市为背景。——译注
[2] 弥诺陶洛斯,希腊神话中半人半牛的怪物,被囚于迷宫当中,以犯人和童男童女为食,并最终为年轻的忒修斯所杀。——译注

是世界上最早的。"听上去老掉牙的感伤话，却被他赋予了私密而完整的含义。

如果有晨曦的诗人，那就是他。第一天……及第一个人（那本未曾出版、未曾写完的书的名字）。时间上的最初，也最完美。为什么？因为在热爱生命的人看来，一切发端都是美的（这并不妨碍他认为作品只有在完成时才是美的，作品与生命不总是一回事），因为可能（le possible）还未变作命定——因为……何必问那么多因为？我们注定无法选择，但当命运和本性相调和，我们便能去爱那些命定的事物。

第一次意大利之行，让当时还是学生的他心满意足。他惊叹于佛罗伦萨的美丽，在那儿享受了几天。后来又见识了罗马，一个旁人如若不存在的城市。他散步城中，如同探险，不必有人导览，不必漠视博物馆或教堂，但也不必非要入内。对他来说，这是一场疗愈；美治愈人，光滋养人，他说。山丘（贾尼科洛山、帕拉蒂尼山）、喷泉、哈德良离宫，他在这几处流连，饰景与风景融为一体。他区分罗马的光和托斯卡纳的光，后者分裂，近乎粉碎，前者则"以充盈人心的匀称与丰腴"[1]从天空流泻而下。

青年时,意大利向他展现了什么是艺术。成年后,尽管有 Vespa[2] 和 Tedeschi[3] 的闯入,他还是在那里找到了活着本身的快乐。还有 1955 年春,说到翁布里亚时,他写起从蒙特圣萨维诺到锡耶纳的旅途:"这是一片复活的土地。我是说,我们会设想朋友、情人死后在此重聚。"不在约沙法特谷复活,而在此地,且无非是想让失散的人重新聚首……

希腊给予他另一种由空间感引发的幸福,如同刚出狱的人"一下子置身于一座昭然裸露在天空下的山丘"(迈锡尼尤其给他这样强烈的印象)。或许是希腊让阿尔贝·加缪永远地脱离了幽闭,脱离了他自我囚困的内心监牢。对他来说,海洋和岛屿同是天堂,是"神佑群屿"(îles Fortunées)。

反差出现了——即便那是我们感到最幸福的时刻。一次海上旅行后,他发现希腊和对岸隐约可见

---

[1] 他还效仿歌德,说"在罗马厚重而窒闷的宫殿中间,一瞥天空和温泉所收获的飞逝的快乐"。
[2] 意大利著名踏板车品牌,1946 年创立。——译注
[3] 意大利语,意为德国人。——译注

的小亚细亚半岛是"两个世界，像黑夜和白天那样不同"。但他强调说，痛苦是相同的。什么是一边缺少，而另一边过剩的？他问自己。答案就在他的书中。

答案关乎某种对人的看法，某种人性固有的永恒价值；亚洲千年来都和希腊、和后来整个西方世界的人类至上观对立。

那么美国呢？日本呢？为了与时俱进，免不了要去一趟这些国家。一个久病缠身的人，见不到外界和远方局势如何，自然是好奇的。日本给他的邀约很合算。但哪怕是短途航行，也令他感觉疲惫不堪。依旧是那种气闷感，那种对幽闭的恐惧……此外，他应当是暗暗想到了手头要写的书，实则不必写，因为都觉得这样的书有一本就够了。但创作者觉得还不够，从一本所谓已经完成的书中，会源源不断地涌出水流。水流时而停歇，但只要不被不相干的人或事阻断，它又会重新流动起来。然而崇拜你的人甚至比讨厌你的人更残忍。至少讨厌你的人，不会在你坚决不予理睬后还来打扰。

1947 年和 1949 年，阿尔贝·加缪先后前往北美和南美，两次都是受"文化关系处"（Relations culturelles）所托。尽管他对美国文明兴致缺缺，但他惊喜于那里优越的生活水平[1]、平等的衣着和习俗（至少在白人当中是这样）、劳动者体面的穿着（"清洁工和环卫工都戴着手套"）。尽管收音机的泛滥很烦人，但他发现了一线希望：在有些咖啡厅里，花上一枚硬币就能让它安静下来。他当然不认可为死者穿衣和化妆的习俗，这一切都是为了让人忘怀死亡；可他后来说（他的拐弯抹角先是让我惊讶，后来才恍悟），无论如何，这样做可以免于像欧洲人那样，沉湎在沮丧的喜悦[2]中。他大概会欣赏那不勒斯的送葬队伍，那里的灵车形同神话中微笑着吹奏号角的天使——那景象似乎已经不属于凡世，却依然代表着生命和幸福。

在南美洲时——我要放任自己讲述逸闻吗？不。南美洲之旅让他万分疲惫，为了不遗漏这广袤大陆上任何一个计划前往的国家，他只得跳转于一

---

[1] 这当然只是些东拉西扯的话。

[2] 天主教教义中，"沮丧的喜悦"（la délectation morose）指的是沉湎于所犯过错并乐此不疲的行为。——译注

架又一架飞机间,去各国首都巡访,精疲力竭。他的讲座主题有:小说与反抗、尚伏、反抗精神。他遇到的许多提问,答案已都在他的作品中写明。一天,巴西有学生问他为何要写"哲学"戏剧。他以一句俏皮话作答:"这种哲学很简陋,两句话就能概括:人会死;人不快乐。"

他想,在这场长途旅行中,他的身份错了。他感到自己是作为新文学的"年轻旗手作家"远赴他乡,被迫要扮演好这个角色。他收到大量手稿,作者都认定巴黎某间大型出版社会出版他们的作品,好像他有时间全数读完,又有能力说一不二似的。

当然,也有许多人和地方令他感兴趣,比如伊瓜佩(Iguape)300年来民间自发的耶稣朝圣之旅。他为豪宅奢寓周围延伸出的疾苦景象动容。但在巴西,最叫他难以忘怀的是"马库姆巴"(macumbas),这是源自非洲的入教集会。他在短篇小说《生长的石头》(*La pierre qui pousse*)中有过提及,书里讲到一个友爱之梦,梦中人人拥抱在一起,未受任何超自然干预。

Albert Camus. Souvenirs

*

1947年8月4日，我们一同前往布列塔尼。

阿尔贝·加缪同意与我和我们一家同去。我们行程缓慢，因为车还需要磨合，开车的有时是他，有时是我。正是在那时候，他跟我讲了近来遭遇的"假女佣"事件。当时阿尔贝·加缪人在美国，一位自称是女佣的年轻女性来到他妻子家中，妻子聘用了她。某天，受邀来做客的朋友看到桌边服侍的她，大叫道："您不是X女士吗！"原来这是位记者。她承认自己是被"安插"进来的，想看看阿尔贝·加缪会不会为一位女佣写书！更是为了渗入作家的私生活。

*

阿尔贝·加缪对布列塔尼不是全心喜爱。我们本来想去游泳，但因为有潮汐，须提前打听好"满潮"的时刻，否则等退潮了，要走上数公里才见得到海水。太阳也时常缺席。习惯于柔软可塑的地中海的眼睛，面对人性时不乏惊异。此外，这里太过崇拜死者了。该说是崇拜吗？不，应该是对死亡的挂怀，所以才会经常去墓地凭吊。人间的悲惨景象折磨着阿尔贝·加缪。他想，人已经遭遇了那么多的不幸，不必再将它们不加掩饰地陈列出来，从而使人经受额外的痛苦了。他不否认人的不幸，他正视它，为它寻找解药——但他不愿在这上面多作强调，这无益于事。

我们在雷恩（Rennes）过夜，接着驶往圣马洛（Saint-Malo），中途落脚孔堡（Combourg），穿行在金雀花和欧石楠丛生的乡间，"我想浸润我的笔，让它变得柔软"，他约莫是这样同我说的。他希望延续司汤达式的优良文风，同时从夏多布里昂（Chateaubriand）的笔下获得些什么。[1] 他做到了，《不贞的妻子》（*La Femme adultère*）的结尾可为证。因为他擅于"遣词造句"，又和所有地中海人一样，对 bel canto[2] 很敏感，尽管他不屑于此。

---

[1] 他想拓展他的"涉猎"。《流放与王国》中的故事不仅有多重灵感来源，还是有意而为的风格训练。加缪心目中最伟大的法国作家是帕斯卡尔和夏多布里昂，分属他涉猎的两端。
[2] 意大利语，意为"美妙的歌声"，亦指美声唱法。——译注

那天的那个时候，孔堡城堡可供参观吗？我不太记得了，只知道遇到了一番阻挠。女主人下楼探看来访的人。她没听过阿尔贝·加缪的名字。她问我们想参观哪些房间。我们回答"夏多布里昂的卧室"。"夏多布里昂？哪一位？家里的厨师，还是那个作家？"她的问题叫我们大吃一惊，是那位作家，我们答道。大名鼎鼎的作家其实是家中幼子。我不再执意于参观本身。这间宅邸在19世纪经历了惨烈的翻修。景观也发生了翻天覆地的变化，从前城堡和潭水间是没有宅舍的。尽管如此，孔堡之行，尤其是圣马洛之行，还是给阿尔贝·加缪留下了对伟大的印象，他在风景中，正如他在艺术作品和人生中，都追寻着这种印象，那是他的试金石。

我们和路易·纪尤一道去了特雷吉耶（Tréguier），参观了勒南[1]的故居。阿尔贝·加缪在登记簿上留下了他的名字。

---

[1] 欧内斯特·勒南（Ernest Renan），法国哲学家、作家，1823年出生于特雷吉耶。——译注

*

埃及吸引着他。1945—1950 年，我居住在埃及期间，催他过来看一看。这儿的气候、壮丽的景色与古迹，他应该会喜欢。但他说"文化关系处"派他前往各国，唯独没有埃及。或许是认为一位阿尔及利亚民族混居支持者的埃及之行太过凶险吧！开罗当时是泛阿拉伯主义的大本营，这可能被引为支持之举。

另有一次前往埃及的机会（时局当然已经转变）。我受邀返回埃及做讲座。他有意与我同去（时任法国驻开罗大使顾夫·德·姆维尔［Couve de Murville］先生组织了一场巡回座谈，我和他可以交替主讲）。他很期待这次计划外的假期，可正在这时，他因亲人生病而无法成行。我也放弃了这次行程。

*

他对亚洲国家完全不感兴趣。在欧洲之外的见闻令他坚定地认为，没有任何国家比得上地中海沿岸各国。

1959年夏初，有人请我去一个遥远的、我20多岁以来就十分向往的国家参加会议。我接受了邀约。随着出发的日子不断临近，我犯了难。这次行程很短，但旅途耗时很长，或许会很劳累。一切都将在讲说和接待中度过，我基本见识不到什么。但这终归是一次独特的机会……

我和阿尔贝·加缪讲了我的顾虑。他神态半是讽刺、半是怜悯地听我说着。他清楚我平时是怎样犹豫不决的人，但比起恼怒，他更多体会到一种掺杂怜悯的感同身受。

"想要远行时，必须问自己：我可能会遇到的最糟糕的情况是什么？是死亡。所以呢？"

那之后，我常常思考这个问题的答案。

夏天结束了，再见面时我告诉他，经过再三踌躇，我决定不去了。他为我高兴："我们应该做真正想做的事。"

VI

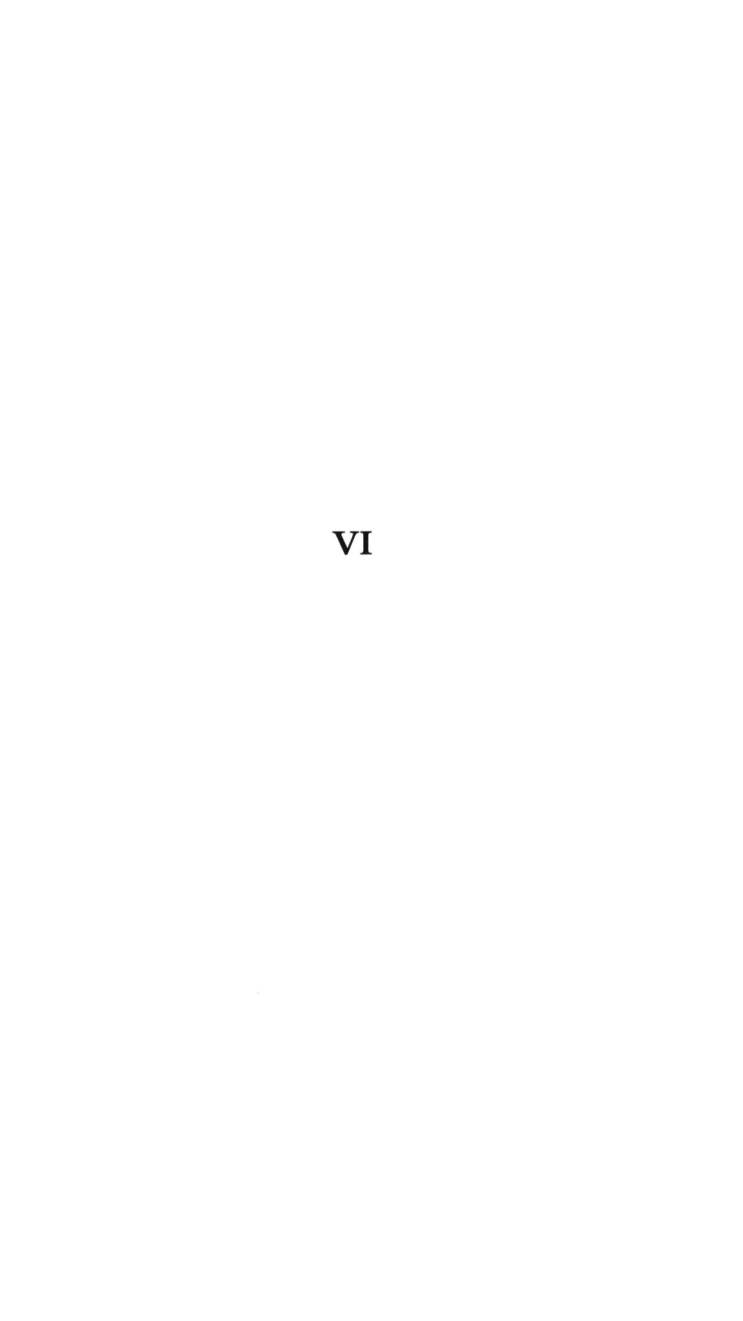

请关上窗,外面太晴朗了!……这是勒普瓦特万[1]——福楼拜的好友——临终的遗言。后来这句话被阿尔贝·加缪引用到他的《手记》(*Carnets*)中。

对大自然给予的沉醉一无所知的人,和他们多说也无益。对余下的人则几乎不必多费口舌:在某时某刻,他们不再是自己,而成为其他事物的一部分,对这些时刻的期待和回忆,构成了他们生活的全部。

当我从水蛇高地一路下行,经过瓦伊罗柱、夏宫、加兰公园,接着沿堤岸从阿莱蒂酒店走到政府广场,赶早去巴布瓦德中学上课时(我都用了旧时的地名,我不清楚它们如今是什么叫法),走在旭日阳光下,我感受到一种真切的喜悦,说不出这种喜悦是源于什么,或许是源于你和周遭一切在无意中的谐和。

这件事我从未和任何人说过。它过于私密,也

---

[1] 指法国诗人阿尔弗雷德·勒普瓦特万(Alfred Le Poittevin)。——译注

过于寻常了。但我无疑沉浸其中（在这件事中）。也许有人能猜中，尤其是年轻人们，他们窥探着年长者的弱点，并可能对此产生亲切的好奇。而我在和我感同身受的人身上，体会到一种同谋关系，使我觉得自己和他们有了勾结或默契。我不知道这些人是谁。也许是我工作中接触到的人，也许不是。我话尽于此。

如果人们问我：你会对他说些什么？我会诚实地回答：什么也不。（他，指他人，此处指阿尔贝·加缪。）他以后可以去读我写的地中海，但假如我曾传授给他什么，那会和传播疾病一样——激情也是可以传染的。然而这疾病、这激情的萌芽，他均已具备。只是它们或许绽放得过早。

我说过，他身上有一种消极的无言，以及一种接纳的缄默，这种缄默让因为共同生活而彼此疏远的人重新聚合。

太阳和大海，我应该有发言权，我的童年是在浓雾弥漫的临海地带度过的，那片大海和地中海不同到迥异的地步。我却像灵魂需要身体一样需要它，我——对这份幸福可望而不可即的人——能否靠着需要,与无意间拥有这份幸福的人建立联系呢?

他年轻、强壮,虽然身无长物,但精力十足,可以享受这阳光和大海。而更为年长的人已经习惯离群、避世索居,只能被动地享有这一切。年长者会受放弃的诱惑。

阿尔贝·加缪后来构思的角色,局外人、《误会》中的玛丽亚、卡利古拉,都对生命充满着强烈的欲望。他们会经历最艰难的阻碍,但没有什么能够战胜他们的决心。哪怕是《快乐的死》(*La Mort heureuse*)当中那个根本无法正常生活的瘫痪者,也毫无保留地赞颂生命,他请他年轻的朋友杀掉自己,拿走手边的钱财。他如愿以偿地死去了,但他不会像勒普瓦特万那样,说:"请关上窗,外面太晴朗了!"而是说:"打开它吧,外面多么晴朗!"出于相同的理由。

极其节制——极其单一的口味——极少的需求。

我们在餐馆进食午餐时,他吃得不多。他的正餐在晚上。他早晨写作,下午做本分内的事,晚上消遣。但总之,他只要少许的(而非渺小的)就满足了。奢华与愉悦,他接受,但并不孜孜以求。他从不追求数量以及舒适本身。

在火车分三种座级时,他选择搭乘二等座。同样,在有"阶级"之分时,他既不愿放弃头等一级,也不愿效仿维克托·雨果,放弃最贫穷的那级,这反而被看成卖弄的表现。

他不喜欢飞机,只在有便捷的需要——如前往阿尔及尔——时才搭乘它。飞机令他患上幽闭恐惧症,肺部也进一步变得虚弱,他花了很长时间来克服这种恐惧。

他不再热衷于速度。因他最后放弃驱车南下,他在卢马兰那位信得过的帮工赶来阿维尼翁接他,他和帮工说:"你继续开,我看看这地方,休息一下，千万别开太快。"留在卢马兰的是一辆旧雪铁龙，开起来并无风险。

可以看到，我正像蒙田和普鲁塔克一样，落脚在微乎其微的事和人上。

如果我上升到宏大而普遍的思想层面，他言行中的希腊，或至少是地中海品性——节制、节俭、同万物的联结——会更加显著。几颗橄榄、一杯水，太过明亮的光线会葬送一切色彩。

我还要说到：一种懂得失度后的尺度，一种始终活跃之力量的平衡，一种征服悲哀的从容，一种相当温和的极端。

假使生命的愉悦有限度，那也绝不能由外界来强加，在我们的冲动和终点之间，绝无任何强权介入的余地。阴影绝不能遮蔽太阳！牺牲绝不能作为功绩呈现！《缎子鞋》(*Soulier de satin*)[1]首演时，阿尔贝·加缪和我说："我不认同这样的道德！"

他用摇曳不定却又永恒鲜亮的火光，来对抗永恒生命的承诺（这一次，他借用了尼采的话）。

---

[1] 保罗·克洛岱尔所著戏剧，1943年在法兰西喜剧院首演。——译注

尘世的幸福是唯一的幸福，尘世的生命是唯一的生命。请让我们以此作为思考阿尔贝·加缪的出发点，哪怕它并不是我们思考的终点。

VII

Albert Camus. Souvenirs

现代有一位古希腊与古罗马时期所没有的英雄，他超越所有男人，瞧不起他们的软弱；他胜过所有女人，填补她们秘密的、挥霍的、傲慢的愿望；他不信上帝，更藐视上帝。他就是唐璜。

在阿尔及尔的博尔德剧场，阿尔贝·加缪将莫里哀的《唐璜》一剧搬上舞台，与此同时还有埃斯库罗斯的《被缚的普罗米修斯》。

这两个人物形成了具有象征意味的对照。他们都和超自然相决裂，不接受公认的道德，不受任何事物凌驾。

对火的占有，对女人的占有。后一个传奇更贴合我们的感受，它在支配意愿之外，还添了欲望的满足。但唐璜多数的快乐依然来自智识层面。莫扎特懂得糅合他的自尊与享乐。阿尔贝·加缪将莫扎特的歌剧版《唐璜》奉到至高的位置，他乐此不疲地聆听那张从英国版转制成的录音。

我想他是把唐璜认作了自己，才想把这出剧再度搬上舞台。可他是怎样、以何种方式认出自己的？

作为一个对美有着永恒追求的人，但也作为一个孑然一身、喜好支配，"生活在海角天涯、在庄严的幸福中受着威胁"的人。

有一种让孤独变得稠密的方法：戏剧。创作一出剧、将它搬上舞台、出演它、为它布景。对阿尔贝·加缪来说，这是一种无限增殖的生活；对生活的爱，也在戏剧呈现的形形色色、数不胜数的镜子中得到满足。关于这个问题，他有过无与伦比的论述，学舌只会自取其辱。他十分强烈地感觉到，从事戏剧的人是又一个天主。他只有在剧作完全吻合他的意图时才满意，只有在剧作拥有独立的生命，像处在第七日那样时，他才愿从中认出自己、认出笔下的角色。做演员时，他比任何人都尊重游戏规则，甘愿做棋盘上的一枚棋子。不过在他身上，我见到只有在极少数戏剧演员身上才会有的谨慎，这让他和他们居于角色之下，不夸大、始终自持，动作极有分寸。这时候，他身上那种一直以来打动我的距离感，几乎是不由自主地再次显现出来。他虽然身处剧中，却又离得很远。

基本没有人敢自称完全了解他。倒不是因为他像古希腊演员一样戴着面具,而是因为他的行为举止因场合而异,但他从不遮掩什么。人与事令他应接不暇,又相继被他忽略,那是生活所迫。他的生活由一个个格子组成,作隔的并非高墙,而是薄薄的板壁。可以说,他的确过着一种多重生活;限制条件是,任一种生活方式不能与另一种相冲突。软弱的人将不得不有所遮掩。而他会在必要时迎着猜测和质疑而上。总之,他分身有术,而又分外磊落。

*

就这一点而言,戏剧是表达自由的典范。人们随意约定的程式,是这种自由唯一所受的限制。在别处,人们会遭遇无数阻碍,这些阻碍或许不如事先共同认定的那么严重,但更加难以忍受,因为它们是由无数超越脚本的偶然所导致的。这些微不足道的、理应不必纳入考虑的阻碍,足以击溃最伟大的计划。反而是在戏剧和体育中,至少是在传统上对这二者的设想中——阿尔贝·加缪作为体裁划分的推崇者,也是这么认为的——必须妥当地演/游戏。当然岔子是会有，运动员可能受伤、演员可能生病，但鉴于动作场地有限、不利因素可以预见，任何风险都只存在于外部世界。于是值得一戏。

这样看来，阿尔贝·加缪是一位游戏者（joueur）。一位会受尼采喜爱的游戏者。

在人对生命的热爱中，包含着对风险的热爱，而于艺术家而言，则是对计算好的风险的热爱。

*

戏剧最让阿尔贝·加缪感兴趣和着迷。《西西弗神话》中关于戏剧的篇章对应着一种深沉的感情。

他为剧院——"这世上我的一个快乐地"——而写作。上演的剧作是"由身体讲述的伟大故事"，是"把真实的东西变得逼真的方式"，是"亲历梦境"而不中断亦不迷失其中的可能。

在阿尔及尔时，他兼任剧团的经理、导演、剧作者和演员。换到巴黎，这便行不通了。1956年，相传他要做职业演员。"我只是被电影吸引了，"他说，"我本来想演一个'满肚牢骚'的夜总会老板。《修女安魂曲》(*Requiem pour une nonne*)[1]的演员要拍电影。他给了我一个小角色,并为我化名阿尔贝·威廉,名取自我,姓取自福克纳。"

他去看剧——当然不是每场"首演"都去——只去了格外感兴趣的几场,如皮兰德娄的《亨利四世》(*Henri IV*)、契诃夫的《普拉东诺夫》(*Ce fou de Platonov*),二者都由维拉尔(Vilar)主演。他说《普拉东诺夫》这出戏有另外一个结局:普拉东诺夫被富寡妇安娜·帕夫洛娃(Anna Pavlova)毒死了,怀疑此事的只有医生,为吸引七嘴八舌的女人们注意,他朝空气开了一枪,说"他死了"。多么戏剧的一幕。不过如今的结局也有一句精妙的台词,出自普拉东诺夫之口:"为什么?"

阿尔贝·加缪原本想要经营一个属于他自己的舞台。他打听过巴黎所有小剧场的座位数。

马尔罗邀他执掌法兰西喜剧院,他拒绝了,因他不信人可以从旧事物中创造出新事物。马尔罗又请他主管另一间剧院,他1960年1月4日返程巴黎,

---

[1] 阿尔贝·加缪1956年的剧作,改编自威廉·福克纳的同名小说。——译注

正是为了考察接任事宜。

在阿尔贝·加缪所著戏剧中，只有《卡利古拉》取得了巨大且经久不衰的成功。他最成功的改编剧，则是福克纳的《修女安魂曲》，而我觉得这部作品很值得商榷。阿尔贝·加缪伤怀地发现，尽管他个人的剧作别具才华，却未曾取得真正的成功。（制作花销不菲的《群魔》[*Les Possédés*][1]，倒是在1959年2月上演的三年后大获成功。）

阿尔贝·加缪在他改编的剧作上耗费了许多心思；如在《修女安魂曲》中，整整持续38分钟的忏悔场景，必须庄严而悲怆地呈现；其中，被暗示成偷窥狂的波比（Poppie）必须得换个名字，否则会让人联想到大力水手[2]。尤其到了最后的狱中场景（他承认这一场景有连载小说的特征），他剔除了原书四分之三的内容，弱化了布道的语调，也即福克纳最为看重的"启示"。原本数度直呼耶稣之名的女黑人，转而用"凶手的兄弟""妓女们的伙伴"

---

1 阿尔贝·加缪1959年的剧作，改编自陀思妥耶夫斯基的同名小说。——译注
2 美国卡通人物大力水手名为波佩伊（Popeye）。——译注

Albert Camus. Souvenirs

来委婉称呼他。出演女黑人的并非黑人,而是俄国人。他还新添了监狱看守一角,来述说种族问题。

同样,阿尔贝·加缪也对《一种有趣的病情》(*Un cas intéressant*)[1]作了简化,减少了剧中的病人要爬的楼层数量。

改编《群魔》的工程量巨大,这次,阿尔贝·加缪一心要恪守原书,这样做一是为了免受偏颇的批评,二是因为他觉得原书作者已经完成了所谓的分镜制作。(但还是要加工一番……)他非常欣赏那种出其不意的效果,比如预告某个人物将要出场,接着出场的却是另一个人物……小说中类似这样的效果,让他获益良多。

*

戏剧之外,新闻工作也是他从年少就一直追求的平行事业。他对它有一种崇高的构想,对此,众多阅读《战斗报》上匿名发表的社论的人会表示认

---

[1] 阿尔贝·加缪 1955 年的剧作,改编自意大利作家迪诺·布扎蒂(Dino Buzzati)的小说《七层楼》(*Sette piani*)。——译注

同。他找了许多朋友合作,其中有雅克·勒马尔尚（Jacques Lemarchand），也是这样我才有机会谈论一个我牵挂的主题——当代绘画,画家们自己是如何看待它、创作它的。

Albert Camus. Souvenirs

我们每个人身上都有自己的组成和决定成分。我们写的书不如所愿(这话仍然说得过去),所爱也不如所愿。而我们遇见的阻碍,非但不是不可逾越的屏障,还是创作的最佳助力。了解并利用自身的局限,这是艺术巨匠们的诀窍。

对文学之外的艺术,阿尔贝·加缪并非无动于衷,但他对文学是如此苛求,以至于把一切时间和精力都奉献给了它,而很少被其他领域吸引。我无视了他年轻时在《南方》杂志上写过尼采和音乐,那篇文章见解深刻,但还不够私人。关于在当今法国举足轻重的造型艺术,他有倾心的艺术家,但并没有做多表态。

一个始终信奉艺术始于自然、艺术在于变形而不在于创造的人,很难受二战后风行的抽象绘画吸引。不过,从同胞让·德·迈松瑟勒(Jean de Maisonseul)[1]沐浴地中海光芒的建筑作品中,他还

---

[1] 法国城市建筑师、画家,生于阿尔及利亚,是加缪的密友。——译注

是认出了和自己类似的观念。

形式对他来说（正如 forma 一词对古希腊人来说）等同于美。他曾说，如果自己不是作家的话，会想做一名雕塑家，正是在这种品味的启发下，他结下了一生中最为珍贵的友谊。

他有理由喜爱巴尔蒂斯的画作。他这样描写他：真正的画家是那些足以在瞬息之间确立他们的主题的人。景色、面孔、人物转瞬即逝，而"所有伟大画作中的人物仿佛才刚刚静止，并将借助艺术的魔力持续鲜活下去，不再易逝"。巴尔蒂斯不扭曲自然，他凝固自然。这不正是雕塑家的做法吗？二者同让那些运动的、似乎永远不为我们所把握的事物停了下来，并勾勒出它们的轮廓。

传承自古希腊的静止的理想，赋予几何图形和数字以人性，大胆称之为拟人的理想，也无损其高贵。我们还可以用这几行字来定义这种理想："心灵对外形感到敏感，或许是这造就了地中海精神。空间？那是肩的弧线、脸的椭圆。时间？那是一位年轻人从海滩这头飞奔到那头……"

VIII

Albert Camus. Souvenirs

会思考似乎是哲学、政治经济学和其他知识领域的学问人的特权。但另有一类人，他们的思考源于长久以来痛苦的内在体验，或许以学识为依托，却并非学识的产物，而是深刻的体悟。同样是这类人，在旁人崇奉于生命无关痛痒的信仰时，他们化思考为行动。阿尔贝·加缪属于这一类人，他们对年轻人、寻求亲历之真理[1]的人的影响是巨大的。

"随笔"是阿尔贝·加缪用来讲述这种真理的方式。1951年7月某日，他启程去利尼翁河畔勒尚邦（Le Chambon-sur-Lignon）合家度假前，曾与我谈论过此事。他构思了一部新随笔，题目（至少他第一个想到的题目）叫《涅墨西斯神话》（*Le Mythe de Némésis*），是三部曲中继《西西弗神话》《反抗者》后的又一部。这部新作将探讨基督教应当从古希腊文化中得到与舍弃什么。人类历史上从未发生过此等转折、此等重要的变化。怎么会诞生

---

[1] 这里当然不是指"存在之真理"。加缪区分知识追求和生命体验，就像他区分文学体裁一样。

一种如此崭新、如此不同以往的感性?

"……就我个人而言,我觉得自己更亲近古希腊文化。在基督教当中则更亲近天主教,而非新教[1]。我与'反自然主义'的《圣经》很疏远。"

"但您反抗不公的精神、人道主义的观念,又与《圣经》接近……"

"对,但我认为,还必须反抗,才能抵达尘世的幸福,必须拥有现世而非彼世的智慧……我很喜欢古希腊文化静止的一面;我的学术论文选择了与这个时代(新柏拉图主义的时代)相关的主题[2],并不是事出反常。我一直对这方面感兴趣。"

我们的话题转到了西蒙娜·薇依身上。我说我刚刚读完她的《给修士的信》(*Lettre à un religieux*),这本书在她身后出版,书中,她批评基督教不成其为哲学。我虽然敬佩她,但亦认为她的思想太过融合,她试图调和难以调和之物。

---

1 然而,他有着相当严格的道德准则(我指的是正义方面),极不愿做出让步和妥协。对罗马教会历史进程中确立的教义,他同样不感兴趣。《改革》(*Réforme*)杂志经常用同情的语调提到他。他也回馈之。
2 加缪在阿尔及尔大学的毕业论文为《基督教形而上学与新柏拉图主义》(*Métaphysique chrétienne et Néoplatonisme*)。——译注

"总之,她追求的是比基督教更广阔的东西,神甫们拉拢她,像是把她在天主教社团所作的关于柏拉图的讲座文集命名为《基督精神预现》(*Intuitions préchrétiennes*),实在错了。对她来说,事实恰好相反:基督教不过是更浩瀚的真理的一个分支。"

阿尔贝·加缪最欣赏西蒙娜·薇依的一点,是她始终过着与理想相符的生活,严格、坚韧(让人联想到他自己)。但她对不爱幸福的人们(也就是对加缪自己)缺乏同情,这是他与她可能疏远的理由。

在科学与宗教被引为仇敌的《鼠疫》中,阿尔贝·加缪与西蒙娜·薇依相会。《扎根》(*L'Enracinement*)的第209页,西蒙娜·薇依写道:"在基督徒当中,宗教精神和科学精神的绝对不相容——他们同时依附二者——往灵魂中持续注入一种低沉的、难以言表的不安。"

我们谈到宗教那一次,我与他说,《反抗者》里:"你没有凸显出基督教革新的一面。"

"的确没有,我没有凸显这一面,尤其是福音书的这一面。但我没法面面俱到。我只有一件事要说……我不去谈论基督教,尤其是犹太教中的预卜、神话、末世论等。但我充分理解福音书的智慧……我热爱基督教中贴近古希腊文化的那部分。"

*

我们很少讨论宗教问题。我始终有这样的感觉,对一切与宗教相关的东西,他并非顽固地敌视。他的位置已经明确。恶是不可容忍的。全能上帝的存在只是助长了这恶。他根本不在乎来世。教会打着上帝和来世的旗号荼毒现世。他会乐意把贝尔(Bayle)的话再说一次:"两世太多了。一世就够了。"

尔后,这个"对话"者,和所有伟大的思想者一样,也是独白者;严格说来,是对话式的独白者。唯有毕生致力于用身体力行来证明其言说价值的人说出口的话,才会触动他。他会权衡利与弊。他可能在无意识间动摇。他内心萌生的对话,可能将他引向一个坚决或不那么坚决的结论。尽管我在话语中好像把他说成了一个固执的人,但他不是不可企及的。要想触及他,必须令他在对话者身上体会到某种源自坚决信念的内心力量。这就是为什么,他与他最好的朋友不能就某些至关重要的问题展开严肃讨论,除非在朋友的言语或思想中,有着能够被加缪感知到、至少引发他思考的牢靠。而且他非常敏锐。某天他对我说:"从你的语调中,我知道你相信什么,不相信什么。"

X神父有着坚定不移的宗教信仰,故而阿尔贝·加缪非常崇敬他。他说这位神父"是一位厉害的劝人改宗者"。当他说照他看,尼采一定身在地狱时,神父尖锐地反驳道:"哦!不,我不信他不在天堂!""X神父成为信徒,不是因为软弱,而是因为生活的充盈。通常人们是出于软弱才会信仰[1]。"

说到这些问题,事关阿尔贝·加缪,口吻便很难斩钉截铁。对于来世,比起否认,难道他更多的不是怀疑吗?就像是墓地里的哈姆雷特,但和哈姆

---

[1] 他敬重教士不婚这一勇敢之举。我甚至听他说,考虑到人之本性,类似婚姻的制度若要自圆其说,必须建立在被视作神圣的纽带之上。因为如果不借助某种超越人类、某种幸免于原始意志的事物,两个生命永恒的结合就没有意义。

雷特不同的是，他不会宽容地注视这个终末的、难以忍受的现实。他拼尽全身力气，作为昔日的病人，他想要重获健康；作为潦倒的青年，他想要享受奢华——真正的奢华；自始至终、不管怎样，这个阳光下诞生的孩童，想要继续在光明中生活。

*

他儿时生活的国家虽然贫困，但气候宜人，这正是工业文明亟需，而往往又瞧它不起的。他可以和伙伴们沿着海边奔跑，夏日纵情游泳，周日参加叔叔组织的山野游猎。我不愿夸大这种种欢乐：穷困者无法一直从空气、水和阳光中获得好处，他还可能获得不合时宜，难以充分享受美好季节、被迫忍受恶劣天气、无法抵御酷暑严冬。尽管如此，每个人都抑制不住地感到些许幸福。阿尔贝·加缪曾一再重复：他经历过贫穷，但没有经历过其他国家的人——哪怕他们并不愁吃穿——所蒙受的不幸。

在提姆加德（Timgad）的一幅镶嵌画上，我读到这样的话："玩耍、追逐、戏水，这才是活着！"

气候依然是迫切需求,而在本土的法国人惊讶地发现,他们在北非的同胞是如此急于享受生活,毫无任何顾忌。

*

这种"世界很美好,让我们享受它"的观点之简朴,令一些学问太高的读者感到困惑。他们认为必须更进一步,钻研至德国思想家自诩抵达的深度。他们似乎没有尝过日光给予的幸福,或者有如欧里庇得斯笔下的主角,品尝过后痛悔失去了它。又或者他们心怀羞耻。再或者,他们被明日的魔力所惑,不满足于今日的快乐。

*

这种格外朴素的自然意识没有同时带来宗教意识。阿尔贝·加缪的基督教教育没有得到他周围人的支持;专横的祖母加以阻挠,认为教义课是浪费时间;此外他还和授教神父结下了龃龉。另外,他的亲人们也在这些他们漠不关心的问题上保持沉默。再者说来，对一个热爱运动还有戏剧，换言之，热爱生命里一切欣悦的年轻人来说，没有什么能吸引他去追求一种首先将天与地分割开来，而后又在复活中将它们重新融合的宗教，即便这种宗教在地中海国家有着异教的面目。

*

我认为在一开始就说清这一点很重要——为了准确起见，根音之外还必须添加泛音。但在对他的思想和作品旁加评注时，我也脱离了我为自己划定的框架。

他的作品有两个密钥：莫比·迪克[1]的传奇与西蒙娜·薇依的思想。严格来说，我们并不需要密钥来破译一部本身足够清晰[2]的作品。但密钥既然是作者本人向我们递出的，拒绝便也不妥。他对麦

---

[1] 美国作家赫尔曼·麦尔维尔（Herman Melville）1851年出版的长篇小说《白鲸》（Moby Dick）中白鲸的名字。——译注

[2] 至少暴露在外的部分是如此。

尔维尔和西蒙娜·薇依的推崇，凸显出他关于神秘和神圣的情感，而他也没有就此抛却反抗之情。

阿尔贝·加缪不曾退避。在未得解释的情况下，反抗哪怕徒劳，在他看来也是高贵且必要之举。

但他改变了对恶的态度。尽管他维持着他所谓"对谋杀的固执"，与让他笔下的卡利古拉变得栩栩如生的内在暴力，但 1947 年 8 月，他告诉我，自己开始寻求"中庸的价值"，而非绝对的否定，尽管如此，道德之基依然是反抗。如果灾难降临，譬如瘟疫，人们必须同心协力与之对抗；问题在于他们会如何做到这一点。

阿尔贝·加缪的伟大在这里得到了最好的体现。

不过他自己也认识到，价值的存在便预示着一种绝对。他只是不知道这一绝对意味着什么。

*

阿尔贝·加缪不仅为自己，也为所有人寻求远超幸福的拯救。这是他作品中的非世俗性之所在。但这种拯救本质上属于尘世。这是其人性之所在，那不是救世主[1]的作品,而是一个发现了"解药"(一种纾解人们痛苦的生活方式)并告知于众的人的作品,同时他以身作则,成为一个圣人(虽然没有"信仰"),也即一个肉身化的典范,并带领其他人也成为典范。

---

[1] 参见歌德面对苏菲派诗人哈菲兹(Hafiz)的诋毁者,那些只能从信仰中窥见幸福的人时,回护哈菲兹的话:"你,不虔诚,却是幸福的!"

IX

Albert Camus. Souvenirs

阿尔贝·加缪的作品从来不乏评论。作者本人对此不是太在意[1]，即便觉得可笑，也从不加阻拦。他甚至偏爱一些奇怪的类比、繁琐的理论。一位评论家致力于辨识他作品中心理分析的象征，认为阿尔贝·加缪作品中的"海洋"（mer）一词实际涵盖了"妈妈"（mère）、"玛丽"（Marie）、"马莎"（Marthe）和"死亡"（mort）。他觉得好笑，不作表态。

但人们对他才华的矛盾评价使他烦恼。"我发表随笔的时候，人们说我有戏剧天赋，我发表小说的时候，人们说我有写随笔的天赋，诸如此类。"

"写作需要付出多少努力啊！"他又说道："要是画家'握住'了他的主题，起码可以径直朝前走，快速实现心中的想法……"

令我感到惊讶的是，他不曾忽视任何一封写给他的信。其中大部分他都亲笔回复，尤其是那些深

---

[1] 一个显著的特征：他没有订阅《行情报》（L'Argus）。

陷绝望的人写来的。尽管经验告诉他，给名人写信的人并不总是值得名人和他结识。但只要有一次例外，这条规则就会被怀疑，而他不是一个会忽视例外的人。他的"希望丛书"（关于人类此生意志的希望，而非对来世命运的希望）可为证。他的勇气来源于悲观主义，他的慷慨来源于含蓄。

他浑然没有私心。有时候他甚至像是故意表现得超然。比如他从不锁车。他对身边的人说："我不喜欢太过警惕。"又说："要是有人偷东西，那是因为他们需要。"并非在任何时代这句话都成立，但在解放后，这话再对不过了。他个性特征如此，当然也不会不好意思，一直以来，他都宁愿别人觉得他容易受骗，也不愿人们觉得他太过谨慎。

他内心深处对自己所要完成的任务有一种具体的思考——不由自主地，他流露出的对这份从未提起的任务的忧虑，使他显得像是一个庄严的、对正义和真理充满热情的人（的确如此），也正因此，他被看成一个学究、快乐的敌人、良知的督导（并非如此）。内心深处的这种思考，令他的言辞和书写具有了相当的分量。

不认识他的人，往往能够更加敏锐地察觉他的道德在场。

这种"在场"会立即表露在他的表达方式中，"尊严"和"伟大"从而不再是空洞的词汇。就像木匠能够通过敲击墙壁来区分空洞声和实心声，我们也应该能够凭借风格本身一眼区分出真实与虚假，而毋需等待行动来评判言辞，也毋需拆除墙壁来弄清内里有什么。

从出身来看，阿尔贝·加缪与西班牙的联系，和他与法国的联系一样紧密，他有着卡斯蒂利亚式的语言风格。在别人身上或许显得夸张的东西，在他那里则像是《熙德》之于高乃依，并无多少夸张。

其次还要考虑作者的视角：阿尔贝·加缪的视角是戏剧式的。他履行着每一位艺术家应尽的本分，预先计算要营造的效果，因为既然作品是为了被人看到、听到而设计的，那么声音必须可传达、动作必须有意味。此外，他选择使用那些投入最低、效率最高的手法。[1]

---

[1] 他在出版的手记中写道："作家要学的第一件事：将他的感受转化为他希望读者会作何感受的艺术。"

在定义和阐述上下功夫时，他是古希腊人的忠实信徒，这纠正了西班牙（以及俄国）的夸张天赋在面对法国品味（总是小心翼翼）时犯下的偏差。但正是这天赋的一面成了他灵感的活水源泉。这也是为什么，他推崇莎士比亚和《金色头颅》（*Tête d'Or*），但反对文体混合："我在不同层面上写作，以此避免文体的混合。"[1] 他在生活中也秉持同样的做法。他和不同社会阶层的人来往，彼此互不了解。与他们相处时，他应该如何就如何。当有人来他书桌前拜访时，他会设法请他们离开，他知道这些人会浪费他的时间。[2] 但他们要是坚持不懈，他最终会屈服：一个从世界那头远道而来的人，如果他不因"公众人物"采用的种种拖延手段（秘书代答、大门紧闭、有暗道或私邸）而灰心，如果他一直在他的住所前不分日夜地逗留，那么这个人——

---

[1] 他在短篇小说集《流放与王国》中有过如上尝试，当中每篇小说都有其独特风格，有的需要一把钥匙。例如《沉默的人们》(*Les Muets*)一篇，相比其他那些需要破密的篇章，如《叛教者或一个精神错乱的人》(*Le Renégat ou un esprit confus*)，它显得那样不同。

[2] 在这一点上，他认为蒙泰朗（Montherlant）的《日记》(*Journal*)——书中讲述了作家饱受来访和信件之苦——是一本"复仇之书"。

Albert Camus. Souvenirs

幸好这样的人很少——就会获得"消耗他精力"的机会。即使是阿尔贝·加缪也会被这种坚持打动,将它看作爱的证明,而不仅仅是崇拜的表现——这也的确是现实。名人面临的不便与政治家、外交官一样:他们不能再选择自己的朋友,甚至不能和想见的人常常见面,他们被选择他们的人围困。

*

幸好阿尔贝·加缪懂得为自己保留一些躲避的空间,在那里他可以随心所欲地生活。我想疗养院的日子深深影响了他,在远离正常生活之后,那种生活便也在某种意义上变得不正常了。

一生充满艰辛……他的一生如是。先是几乎生下来就成了孤儿,接着童年在穷困中度过。才年少就患病,对旅行、未来的梦想都因病无法实现。某天他搭乘货船前往突尼斯,却因为要返回阿尔及尔接受紧急治疗,中途被迫在布日伊[1](Bougie)下船。

---

[1] 阿尔及利亚港口城市贝贾亚的旧称。——译注

由于体检结果不利,他没资格参加教师授衔考试。那些他中断工作甚至打零工的日子,像炭笔勾绘出他的人生路途。而那些突发状况又令人始料未及,更添沮丧。

奇怪的是,他看起来一点也不像病患。身材高大、肩膀宽阔,我认识他时,他好像正准备投入体育事业。他对足球有着与他年龄相符的热爱。他也热爱生命。可突然之间,他被迫停止不动、小心提防,到乡下和山区疗养。时而康健,时而病情反复。不过,他会在下沉到几乎要溺水时一举浮出水面,因为他的生命力如此强悍。

他大可以像其他许多病人那样,在病痛中沉溺、落脚。但他内心深处渴望着康复——甚至不惜铤而走险。年少时,疾病带给他的唯一好处,是为他免掉了一些上班的时间,偶尔还能干自己的活。他说,这样看来,是疾病让他过上了城堡生活。

疾病也给了他退路,于不愿接受定论、不愿亦步亦趋的人,重新振作并成为自我的人(借塞涅卡的话),思考源于伤口的人而言,这样的退路必不可少。我想,他已然脱离了那个由活着却不知为何活、如何活，甚至不曾意识到自己活着的人组成的圈子。帕斯卡尔和尼采之所以伟大，他们的思想之所以具有如此震撼的力量，便要归功于他们在阴影地带的长久停驻。正是因为他们长居在陌生的国度，才打动得了我们这些对现实一知半解的人。

阿尔贝·加缪翻译并导演了迪诺·布扎蒂的《一种有趣的病情》[1]，他对剧本作了删减，以使其更有力道，这出剧展现出我们所见世界的另一面。病人看着身体健康的人在医院窗户外忙忙碌碌，觉得奇怪。两个阵营之间竖起一道无法逾越的隔阂，他们彼此完全无法理解对方。阿尔贝·加缪常常体会到类似《魔山》（*Montagne magique*）中的病人会有的怪异感受。这份共情将他与那些同样受疾病困扰的人联结在一起（于是所有疗养院寄来的信件他都会亲笔回复）。悲情不再是只属于孤独的伟人的悲情，还存在于战友之间。二者阿尔贝·加缪都曾经历过。

"我没有病痛的天赋，"他曾说，"我利用它，

---

[1] 意大利文写作：*Un caso clinico*。前文曾提到过。

但不得要领……我咬紧牙关。我努力,但勉为其难。而且病痛总是会唤醒那些我们以为已经平稳的否定力量……"

否定力量指什么?指那些激发与滋养反抗的力量。平稳指什么?指利用这些力量来实现崇高的目标。

*

此外,他用游刃有余的社交生活来掩藏真实的自己。他待人的态度因人而异。我见过他在家中接待客人,态度十分自然,甚至会让不认识的人觉得客套,他让每个人都和他一样自在。他无需披露个人的隐秘感受,因为他会以万分的冷静和沉着将它们一次性具现,于是某些时候,我们在他面前仿佛经历了一次变形。但我必须说,这样的时刻非常罕见。与他的交谈通常是欢快、充满幽默与妙趣的。他的可塑天赋不仅体现在创作中,也体现在生活中。

偌大的孤独栖居他心间,但在巴黎的夜晚,有人、有戏剧做伴时,孤独不再压在他心头,他和结束了白日忙碌的人一样，过起一种浓烈的生活，宽广的午夜空间在他们眼前铺陈开来，任由他们盘踞其间。我这里所说的是他在巴黎的生活（而非阿尔及利亚，在那里，造作与自然融为一体，剧院之夜与午后洗浴之间并不割裂）。

和他过着同样生活的人，心中常常怀揣一个秘密的梦想，他尤甚旁人：梦想去一个不为人知的小城定居，找一间酒店，享受宾至如归的服务。这样做摈弃了某种社交生活——好比他的小说《约拿斯或画家在工作中》（*Jonas, ou l'artiste au travail*）里写的那样。所以说，他一边试图满足亲人好友，一边也执意维护这种孤独感，那是痛苦的一大根源，却也为创作者所不可或缺。

如果欠缺这把密钥，他身上的某些东西将永远成谜。

保持自由，这是他最珍重的。他渴求自由。人一旦同意领受馈赠，就意味着失去这自由中的一部分。所以他会在尽量不冒犯赠礼者的情况下拒收他们的礼物，可以想见，这些礼物会或多或少让他陷入束缚。这条规则并非任何时候都适用,它更像是他为自己划定的行为规范,符合他个人的固执性格。他不愿向任何人解释自己的所作所为。当然也不能一概而论,在某些紧要状况下,如果他不在行动之后寻求自我辩护,那么他也许会率先征求别人的意见。总之,他很难忍受与生活相关的各种约束,包括必须践行的约定、必须参加的仪式、必要的接待或回访、职业会议以及个人日常生活中的琐碎义务。必要起见,他已经一再表达过这些感受。

*

但他的作品有一大特点是能够触动所有群体,这也是罕有的特权。往往只有流行艺术家才能打动大众:维克多·雨果、巴尔扎克,但他们的风格缺乏坚决。也许我们应该去俄国人那里寻找一位既精巧又流行的艺术家,例如托尔斯泰?

我理解为什么阿尔贝·加缪的声音能够传达。

他没有保留，没有 a parte[1]，没有 mezza voce[2]，也没有言外之意。他一开始就说出要说的话，直截了当。绝不拐弯抹角。有作家抱怨自己只被少数人欣赏时，他说："不奇怪，他在第二句就收回第一句说的话。"

接着，他完全投入所说的话当中：不是他的一部分在说话，他不以自己是这样的人、其他人是那样的人的方式来与他人交流，而是以人对待人的方式。他表达出他们最深切的需求、最透彻的欲望。

他的深思苦索使得所有人都侧耳倾听，更重要的是，他并不试图塑造自我形象，而是像古典作家那样，述说适用于所有人而并非属于他的真理。也许正是因为这种双重特质——表达上的绝对与构思上的绝对——人们不由自主地将他视为先知，把他的著作当成《圣经》的篇章一样来研读。

然而，若说阿尔贝·加缪曾真的相信某种"使命"，那么这一理念被他赋予了独特的个性：写作、言语及一切表达对他来说都尤为关键，因为文化是

---

[1] 意大利语，意为窃窃私语。——译注
[2] 意大利语，为美声中的半声唱法。——译注

他的启示。生活环境拮据(尽管这种拮据被夸大了),母亲沉默寡言,叔叔耳聋且不善交流,祖母只在日常有需时才开口,他怎能不被书籍所揭示的壮丽生活震撼,再为之着迷。所以他择日去公共图书馆翻阅藏书,小学、中学和大学为他打开了一个奇妙的世界。

奇妙?不,这个词不准确,应该说是应许之地,或者更好的说法是:这个世界是对全体人类反思自身处境的揭示。那是一项集结了数百万人之力,并且远未终结的任务。也正因此,我们可以从前人的经验中受益,或是察觉他们与我们感受类似,或是思考他们为何与我们观点相左,总之,我们不再觉得孤独,因为与思想的团结相比,身体的团结微不足道。启示同时也是提示:流连在图书馆、博物馆、音乐会、剧院,将促使人创作,促使人在周而复始的工作之外,再去做些其他的事。在那处有着米什莱(Michelet)所谓的"人类圣经"。

且今时今日对所谓文化的尊重——或更应说是尊崇——更胜以往,这对于没有在所谓文化环境中成长、周围也无人精通书籍的人,可能产生无限大的影响。比起其他人来说,这样的人更可能不把精神上的东西当成可供贱卖之物,他不会纯粹出于一时兴起,从一个作者跳转到下一个,也不会将他们分门别类地摆放在橱窗里,以作博学的标榜。

当一个人过于频繁地涉足文学圈或者追逐文凭时,便容易变成一个浅尝辄止的业余爱好者、图书馆里的书呆子。如果能够避免这两种危险,就有机会在文化中找到一种难以比拟的方式,来让自我和他人获得升华。

这种看法会促成对语言的严格规定,进而使人以为在其他领域也存在着各种各样严格的规定。那些像我一样,只相对重视人类语言甚至人类思维的人,无法很好地理解这一点,或许是因为我们更加重视其他事物。

到头来,像他这样复杂的个性,要从中找到统一,我想是十分困难的。他是先知吗?不,他不想成为先知,也不觉得自己被委任了这一角色。他是使命的承担者吗?是的,但他几乎是不情愿的,因为他深刻体会过人所能遭遇的痛苦和孤独,于是他不由自主地觉得,"其他人"在某种程度上就是他自己,他与他们的区别仅仅在于他有一种无情的清醒,并由这种清醒激发出了怜悯。如今怜悯这个词已经被用得很多。如若从其牢固而原初的意义上来理解,便找不出哪个词比它更贴切了。

正因此,他不仅能够劝服思想,还能够说服心灵。这一能力来源于他对人性的深入洞察,随之带来的是许多伟大思想家所欠缺的,只能用"慈悲"来形容的东西。是的,是一种慈悲,让他能够统领集会,给予他在同伴中无可争议的威望。他的举止优雅、步调自如,姿态中散发的慵懒与力量的结合,这一切都有助于他在不自觉中获得人们的信服。他不过一露面,就成了领头人——尽管他无意于此。事情就是这样。

x

Albert Camus. Souvenirs

要谈论阿尔贝·加缪的话,必须先谈论阿尔及利亚——并非要借由他的国家来"解读他",而是由此才能理解他性格中的某些特征。

一到阿尔及尔,我就惊讶于这个国家民众身上的生命力——我甚至还没和他们打过交道。阿尔菲耶里(Alfieri)常被引用的那句话,同样适用于阿尔及利亚:"人类作为植物在那里生长得比别处更茂盛。"

是的,阿尔及尔正给我那样的印象。相比起我刚发现的这个国家,法国给我一种什么都优质,质地却又相对粗陋的感觉。法国需要嫁接;而丰沛的气候、交融的血统可为供给。[1] 我很清楚,当人们从曾有"酷热"之称的国度返程后,会发现欧洲的一切都如此平庸。阿尔及利亚离欧洲不远;但那里

---

[1] 不过,在阿尔及利亚,由于没有异族通婚这回事,阿拉伯种族没有与其他种族混合。这是一个令我感到诧异的话题;于阿尔贝·加缪来说也是同样,只不过他是后来才这么觉得。某天(正值阿尔及利亚战争期间),我看到他桌上摆着一份关于异族通婚的统计数据——他那时正研究他鼎力支持的共存(coexistence)问题。

充满生机的气候完全是另一番面貌。

我常听见阿尔贝·加缪斥骂法国本土的某种道德贫乏。那些小肚鸡肠！那些小小野心！什么事都精打细算、缺乏慷慨！如果换一个时代，他会是那种打开窗户，把钱袋全部倾空给穷人的人。那是他西班牙的一面，更胜过他阿尔及利亚的一面；但两者远不是不能调和。

血液中流淌的慷慨其实可以从两个方面得以呈现：一方面是好脾性上的慷慨，体会过的人，或许会产生信赖，也或许会被冒犯。另一方面是品格之高贵、情感之伟大上的慷慨。阿尔贝·加缪对这一点很敏感。如在《不贞的妻子》中，沙漠里的人就比欧洲来的小商贩地位更高，即使欧洲人才是本书要谈论的话题。

从来不是因为国籍才产生了这些对立。关键在于品质。对于风景来说也是一样的标准：关键在于宏伟。

随着年岁的增长，阿尔贝·加缪愈加思索起自己的出身，这也是常事。他寻找过去的踪迹。他找到了，又好像没找到，因为那个过去是私人的，和历史的过去毫无关系。他出身的家庭、出生的国家似乎来自一个自发的世代，所以模棱两可。

《第一个人》[1]或许指的是原初的、未受教养的人，更重要的是，他是一个完整的人，拥有自然赋予他的原始力量。这个人可能会做出任何事，无论是极端的善行还是恶行。总之，他绝不行平庸之事。

阿尔贝·加缪对祖国的依恋不容怀疑。他与我相交，一大原因便在于我本人也热爱阿尔及利亚。他以我为例，来说明一个人能够爱上母国以外的国家、理解不同的思维状态、适应全新的气候。

*

阿尔贝·加缪是最早体会到阿拉伯人所受不公待遇的人之一。在他眼中并非所有阿拉伯人都清白、所有法国人都黑恶。在奉仓促为圭臬的时代（随后反了过来），我们必须感谢他的谨慎评判。

---

[1] 加缪正在撰写、事故发生时还带在身上的手稿。

我还记得多年后，我问他："你如今完全有能力买一间合心的房子，你又如此热爱你的祖国，为什么不去阿尔及利亚的乡间或海滨，买一间漂亮的宅子定居呢？"他回答我，神情不太自在："因为那儿都是阿拉伯人。"这不是说阿拉伯人的存在令他感到困扰，真正困扰他的，是这些阿拉伯人都属于被剥夺者——不管这种剥夺的性质为何、程度如何。现在我们理解了他的体贴。但可惜的是，当时两边一前一后对此产生了误解。

在此，我仅仅引述我们的一次对话，它是对过去的概述。

*

我说："可惜在土著和殖民者中间，在您这一代人里，没有像您这样的人，你们这样的人本能够帮助建立一个可行的阿尔及利亚……"

"如果不是被赶出门外，我会留下来的。《阿尔及尔共和报》（*Alger Républicain*）被查禁了。我想和从前的印刷商 A 一起创办一份插图杂志，纯粹阿尔及利亚式的。样都打好了。然而 A 为当局工作，一半的收入都有赖政府，后者警告他说，如果他与我合作，他们将不再给他任何订单。所以我只好去了奥兰，靠给人上课艰难谋生。"

"您一开始就是 P.P.A.（阿尔及利亚人民党）的一员吗？"

"是的，我当时在办一份阿拉伯报纸。[1] 那时候，共产党人支持阿拉伯民族主义者。转瞬间又背弃了他们。有年轻的阿拉伯人来问我怎么想。我正是在那时候离开了共产党……"

*

但我们不要再过多强调过去。对阿尔贝·加缪来说，阿尔及利亚战争是一次内战，他不得不横身两个阵营。

他知道，为了让法国本土舆论注意到阿尔及利亚问题，他已经付出了一切努力——并且他也发现，

---

[1] 主编携款而逃后，他也退出了。

只有爆发了严重事端，人们才会关注这个问题。

接着他总是回到他认为至关重要并引以为原则的一点："无论如何，阿拉伯人和法国人会找到共同生活的办法，他们注定要共同生活。"在他眼中，分离不可能，也不可取。

可惜，在阿尔贝·加缪那个时代，不像蒙田和亨利四世那时候有第三股势力形成，能帮助法国走出宗教战争。即便是很有节制的停战计划也没有获得响应。

*

那年（1955年）阿尔及尔生活太平吗？不，晚上人们出门上街都带着武器。"我妈妈吓坏了，她住的贝尔库尔（Belcourt）街，有天晚上一个阿拉伯人在拉下卷帘门的时候被刺死了。"阿尔贝·加缪试图让妈妈离开阿尔及利亚。他想把她安顿在法国他住的地方附近。她同意过来，但住得不安心。她太有身处外国的感觉了。她的祖国不在这里。叔叔也是一样，留不下来。他们返回了阿尔及尔，尽管在那里每天都要冒风险。

不过，到了1955年11月15日，阿尔贝·加缪说妈妈和叔叔最终还是决定来法国南部居住。但他们没能坚持这个决定。

*

阿尔及利亚的法国人？"他们坚决不离开这个国家。遗憾的是，他们的态度一点也不含糊。他们只看得见拯救他们的力量。"的确如此，至少在5月13日前是如此。

*

法国本土的法国人呢？"他们对阿尔及利亚不感兴趣。我收到读者关于阿尔及利亚的来信，即便是有文化修养的读者，也和我说：'让阿尔及利亚的阿拉伯人和法国人自己应付去吧！'"阿尔贝·加缪认为这样的态度意味着无知和自甘放弃。他想要面对而非回避问题。直面现实！这话很适合他。他不想绕过问题，也不想退缩。他认为，在阿尔及利亚的阿拉伯人和法国人之间，法国本土的法国人有决定性的话要说，那将确保和平、维护合法获得的权利、使人们各得其所。总之，就像他战前支持布鲁姆 – 维奥莱特提案（projet Blum-Viollette）[1] 一样，他后来也支持一切能够带来和平的创举。

他心中感到内疚，那内疚是本土许多法国人没有、只有在阿尔及利亚的少许法国人才会有的感受。

*

在 1958 年 5 月 13 日前，1956 年 2 月 6 日是阿尔及利亚战争中最重要的日子。正是在那一天，扮演调停者角色的第四共和国显得无力再为这场战争画上句号。时任部长会议主席任命了一位主张妥协的军事将领出任驻阿尔及利亚公使，但在骚乱面前，主席似乎屈服了，接受了被指任者的辞呈。阿

---

[1] 1936 年，人民阵线政府时任领袖莱昂·布鲁姆（Léon Blum）根据阿尔及利亚前总督莫里斯·维奥莱特（Maurice Viollette）的建议提出该提案，旨在使少数穆斯林获得法国公民身份。——译注

尔贝·加缪很忧虑。两天后，我们共进午餐时，酒馆老板跟他称颂他同胞的勇敢。他没有回话。一种解决的希望飘然远去。他为此受折磨。

*

要求组建一支"停战委员会"必须付出巨大的努力，阿尔贝·加缪随后便于1956年1月中旬前往阿尔及尔。

他对委员会的效力不抱任何幻想。但在他看来，那是让局势明朗起来的一种办法。"每个人都表明自己想要的。"无论如何，这一提议的首要功效在于使人们走出阴影，他说。

*

1956年，他关心一位建筑师兼画家朋友的命运，设法让他在遭到数周拘禁后获释。

这位青年时交好的朋友，1957年10月身居巴黎。他告诉我们，他在牢房里和17个人待了17天。

其中一个刺有文身、面露狠色的小头目，在知道他是加缪的朋友，并有加缪为他辩护后，说"友谊真美！"，还和他背诵了《反抗者》中的段落。

*

1956年出版的《流放与王国》，囊括了题材和笔调多有不同的短篇小说。其中《不贞的妻子》和《来客》（*L'Hôte*）两篇发生在阿尔及利亚。

阿尔及尔有位斤斤计较的欧洲小贩和妻子远赴姆扎卜（M'zab），那里与世隔绝，还保留着某种自治，而在姆扎卜的首府盖尔达耶（Ghardaïa），一位年长的阿拉伯人给妻子留下了深刻印象，他状若领主，下午在要塞之上踱步，对周遭不屑一顾的样子。她那时在心中背叛了丈夫。

读者初一看，会认为欧洲与阿拉伯比照太过鲜明，一方比起另一方来说受到了贬毁。

"但是，"阿尔贝·加缪说，"要是脱离了历史背景、脱离了现实情形，那一切将不成问题。相比城里的商贩，沙漠居民的高贵毋庸置疑。尔后还要考虑到这里的欧洲人是位'小白佬'。"

"总之,没理由因为突发状况而改变我们认为是真实的东西。"(这句表态对描绘阿尔贝·加缪其人的形象来说尤为重要。)

往日交谈时,我曾告诉他,从严格的文学角度说来,《来客》引人联想到《解放的耶路撒冷》(*Jérusalem délivrée*)[1],在后一部作品中,无论是穆斯林阵营还是基督教阵营,都拥有许多骁勇的骑士。这是一次不带偏见的纪念。但不论怎么说,在阿尔贝·加缪看来,自己既不被阿拉伯人、也不被法国人欣赏。无论如何,他都尽力避免陷入道德教诲式的文学,尽可能准确地、不加修改地传达他的所思所想。

在《不贞的妻子》里,他淡化了丈夫的阴暗面,以免激化男女之间的差异。

他最要寻求的是平衡。所以他才会拥护阿尔及尔某位议员提出的社群联盟计划。

---

[1] 16世纪意大利诗人托尔夸托·塔索(Torquato Tasso)的叙事诗,以第一次十字军东征为背景。——译注

*

在刚刚得知自己获诺贝尔奖(那是在10月份),12月要去斯德哥尔摩领奖时,他说:"我正准备写一本有关1914年以来的阿尔及利亚的书,我想到那边去,安安静静地重游一些地方。下个月,11月,我有空去吗?花上很短的时间。"

这本书应该是《第一个人》。

他想在此之前完成《群魔》的戏剧改编。

*

1958年2月,他伤心、阴郁、焦虑,想着是否决意要去阿尔及利亚。

他拒绝签署关于阿尔及利亚的系列宣言。

他对于法国轰炸萨基埃(Sakhiet)一事深表遗憾。

他接到托他进行干预,以争取宽恕的请求,而有关宽恕,从来没人征求过他的意见,他都是主动写信出面。他常常写信,如有需要,还致函外国领导人。他从未提起过这种种干预,公开时没有,与朋友也没有。

*

在斯德哥尔摩时,有卡比尔人[1]责怪他没有站在支持民族解放阵线(F.L.N.)一方,他反驳了对方,在指明自己是头一个因为支持阿拉伯人而被驱逐出阿尔及利亚的记者后,他被逼上绝路:"我支持正义,然而,如果要我在正义和母亲间选择,我选择我的母亲。"

应当把这份某些人视作可耻的自白,放置在一种特定的国家和人的视角下来理解。

当阿尔贝·加缪提起她的母亲,说他将选择她而非"正义"时,他这样做没错——母亲与正义是完全可以调和的。母亲出身贫寒,一家人在阿尔及利亚定居已有很长时间,阿尔贝·加缪只能去影射一个超出其个例的更普遍的问题。因而并没有陷入两难这一说。

---

[1] 主要居住在阿尔及利亚卡比利亚地区的民族。——译注

在阿尔贝·加缪心中,阿尔及利亚与母亲是分不开的。他将二者混入同样的爱意中。

二者共同组成了他的过去。我曾说过:他生活越是向前,便越发觉得需要以过去作支撑。

这里的悖论在于,对移居者来说,阿尔及利亚是一片没有过去的土壤。1848年,争相涌上塞纳河的船只,经由运河和铁路前往马赛,再是非洲的人们,身后不曾留下些什么,只务必要在这片充满敌视的、荒芜的、他们曾经置若罔闻的土地上生存下去。穷人就是这么个情况。像阿尔贝·加缪的父亲是阿尔萨斯人,母亲有西班牙血统。对他们来说,一切都是崭新的,一切都要从头开始。

阿尔贝·加缪寻访自己的身世时,发现阿尔及利亚的市政府没有档案室。未来充满着不确定,他也一样。没有可以留存的东西。建造、推倒、重建,这就是那些没有过去、没有传统可坚持、没有教诲可听从、没有榜样可注视的人平日里的工作,他们仅仅是快活地生活在光明当中。

他在描述地中海周边各国的人与当地土著之间的关系时，谨遵其鲜活的复杂性。但和没有在阿尔及利亚生活过的人言及此事，也只是言之无物。在 1958 年出版的《阿尔及利亚专栏》（*Chroniques algériennes*）[1]中，作者已然充分抒发了他对他所爱国家的感情。

---

[1] 这一选集收录了阿尔贝·加缪所著系列与阿尔及利亚相关的文章，时间横跨 1939—1958 年。——译注

XI

Albert Camus. Souvenirs

重读《局外人》和另一部他青年时期的作品，我留意到，我似乎听见了什么：是一声野蛮的呐喊。来自一个不曾和解、无法和解的存在。一头遭到不公伤害的野兽，发出的比人更深沉的呐喊。又或是发自一位无故被判有罪的人。但那是一声呐喊，而非索求解释、抗议，也全然不是要诉诸法律。是落入陷阱的动物的呐喊。它可以像《卡利古拉》一样抗争，或像忏悔法官[1]一样认罪。在这呐喊深处，是不含杂质的纯粹。

纯粹到甚至不必发出声音。相反，它用沉默来表达自己。被生命、被社会质疑的人，一言不发。但他强迫自己保持沉默的力量却堪称暴烈。这股力量，会在侧耳倾听这不同寻常之沉默的人身上爆发。

如此，我们好似亲手触摸到了一切圆满作品的黄金法则：它只在目标受众的身上发挥效果。刀子必须刺入被害者的肉体。持刀者不应该把刀

---

[1] 为阿尔贝·加缪《堕落》一书的主角。——译注

抢得团团转。演员、编剧和作曲者只不过是执行者（exécutants），是被雇来干某些特定工作的人，甚至可以说是刽子手（exécuteurs）。

一切无益于执行的事物都是多余的——当作品需要足够的空间与时间来铺陈时，或许可以接受作为装饰品的多余。《帕尔马修道院》（*La Chartreuse de Parme*）、《战争与和平》、凡尔赛宫、圣彼得广场、《最后的审判》或四联剧便属于这种情况。但《鼠疫》的作者很急迫。他要估量着时间来，作品也是一样。速度必须要快。

我在人与作品身上，都感到了必然（la nécessité）的鞭策。

首先是外在的必然：在一个不知为何对人抱有仇视的世界里，受形势所迫，他必然要拒绝加之于人的命运。

在他身上——因为别忘了，我在谈论作品时也只是基于人来谈论——是否能看到这必然的印迹？当然可以。然而，他这个人很少表现得急迫，他把它藏了起来，不让人猜到他工作时内心的激昂。

Albert Camus. Souvenirs

*

奇特的是，一旦抵达所追逐的目标，追逐时的急迫就将被一种无边无际的宁静所取代。无论是被判有罪、无以追诉，还是幸福快乐、无忧无虑，人都全然不再介意。我不禁想，比起最初的反抗，这种最终的宁静是否更令人心碎。沉默也是如此。接受从未意味着屈服。人用尽全身力气追求幸福。但当他成功夺取幸福时，并不比逆境中幸福被击溃时更陶醉。在这甜酸交杂中，他找到了超脱，从而凌驾于诸事之上。正是这种对自我——从而对事物——的掌控力，让他从此不再孤独。

一声野蛮的呐喊——可这不正是那位俄国革命者的妻子，在得知爱人被处决时所发出的呐喊吗？当她急切地问起丈夫被处决时发生了什么，人们回答她：一声可怕的呐喊。

这不正是《堕落》中投水的女子所发出的呐喊吗？——而《呐喊》不正该是这本书最初的标题吗？

于是我们理解了这一思索："我选择创作来逃避罪恶。"

*

在那唯一的日常生活中——甚至在其最平淡的那部分中，阿尔贝·加缪都展现出典范式的冷静，这是他掌控自我的标志。他克服了愤世嫉俗的引诱，否则他会语调尖酸、态度决绝。某天，我见到他模仿西部片里的强盗——双手插在他的轧别丁[1]大衣口袋里，眼神冷冷的，面无表情——只不过是为了自娱，像镜子前的演员一样，为了看看"效果"。他是不会去主动结仇的；如果他喜欢上什么，那也不是为了"反对"别的什么。他懂得欣赏，不必拿欣赏对象去和陪衬物相比较。

*

每当我们觉得关于他已经说得够多，就会发现，我们只不过是从外在、从他表露在外的一切来描述和定义他。而他内心居住着孤独。从《局外人》到

---

[1] 轧别丁（gabardine），一种用于制作外衣的斜纹织物。——译注

《堕落》，他的作品也沿着一条难以确定但依然分明的界线前进，但我不打算在这里详作探讨。至于未来，谁也无法说他的一路艰辛会把他带去何处。我们中某些人或许会有猜测，但决无笃定，我们手上只有一些难解的线索。

他依然远未完成他的作品。反常的是，不同于任何一位思想家，他一开始就说出了他的"终言"。而他没有说出口的，或许是那第一句话。他直面那些纠缠他的宏大问题，尽力为它们寻找解决方法，或至少减缓人类的苦痛。他不是有意隐瞒这件事——在他内心另一处，似乎已经感知到了一个秘密，一个理应不被揭开的秘密。

巴黎，1968年1月4日

加缪生平

1913 年	11月7日，出生于阿尔及利亚的小镇蒙多维（今德雷安）。父吕西安·奥古斯特·加缪（1885—1914），祖籍法国；母卡特琳·辛泰斯（1882—1960），祖籍西班牙；哥哥吕西安长他三岁。
1914 年	第一次世界大战爆发。8月，父亲应征入伍，母亲举家搬迁到滨海的贝尔库尔街区，与外祖母和舅舅一起生活。10月，父亲在战争中受伤，经医治无效身亡。
1918 年	入读贝尔库尔区公立小学。
1923 年	在老师路易·热尔曼的帮助下，争取到以全额奖学金继续中学学业的机会。
1924 年	入读埃米尔-阿卜杜卡迪尔中学（又名阿尔及尔中学）。

1930 年	10 月，开始准备中学会考第二阶段考试，进入让·格勒尼耶执教的哲学班学习。12 月，感染肺结核，因病辍学，入院治疗，后搬到姨父古斯塔夫·阿库家中养病。
1931 年	10 月，重回校园。12 月，在让·格勒尼耶的鼓励下，开始在《南方》杂志上发表作品。
1932 年	开启与让·格勒尼耶的书信来往。10 月，进入大学预科班学习。
1933 年	10 月，入读阿尔及尔大学文学系，以半工半读的方式继续学业。
1934 年	1 月，开始为《阿尔及尔大学报》撰写艺术评论。6 月，与西蒙娜·希埃结婚。
1935 年	9 月，加入共产党。11 月，创办"劳工剧团"。
1936 年	1 月，改编自马尔罗的剧本《轻蔑时代》首演。6 月，获得阿尔及尔大学哲学学位。7 月，前往奥地利、捷克斯洛伐克旅行。9 月，返回阿尔及尔，与西蒙娜·希埃分手。

1937 年	任阿尔及尔"文化之家"秘书长,组织系列讲座与活动。3月,在普希金所著戏剧《唐璜》中出演主角唐璜。5月,《反与正》由爱德蒙·夏尔洛出版,首印350册。7月,被共产党开除。9月,前往意大利旅行。10月,创办"队友剧团"。
1938 年	5月,"队友剧团"上演改编戏剧《卡拉马佐夫兄弟》,加缪出演伊万一角。10月,在刚刚创立的《阿尔及尔共和报》任记者,与帕斯卡尔·皮亚共事。因体检不利,未能获准参加哲学教师授衔考试。
1939 年	5月,《婚礼集》由爱德蒙·夏尔洛出版,首印225册。6月,前往阿尔及利亚北部卡比利亚地区调研,并以《卡比利亚之贫困》为题在《阿尔及尔共和报》刊登系列报道。9月,与未婚妻弗朗辛·富尔的希腊之旅因战争未能成行;参军请求二度被拒;由于《阿尔及尔共和报》遭到当局更为严格的审查,改立《共和晚报》并任主编。

1940 年	1月,《共和晚报》被当局查禁。3月,定居巴黎,任《巴黎晚报》编辑部秘书。5月,《局外人》完稿。12月,与弗朗辛·富尔结婚,同月被《巴黎晚报》解雇。
1941 年	返回阿尔及利亚,暂居奥兰。2月,《西西弗神话》完稿。
1942 年	5月,《局外人》由伽利玛出版社出版,首印4400册。8月,因肺病复发,搬离北非,到法国利尼翁河畔勒尚邦修养。10月,《西西弗神话》由伽利玛出版社出版,首印2750册。
1943 年	11月,担任伽利玛出版社的审稿员,住在纪德位于巴黎的酒店套房中。
1944 年	4月,《误会》首演。5月,《卡利古拉》和《误会》的合集本由伽利玛出版社出版。8月,巴黎解放,加缪担任《战斗报》主编,开始撰写大量社论。
1945 年	9月,弗朗辛诞下一对双胞胎儿女;《卡利古拉》首演。

1946 年	3 月，在法国外交部"文化关系处"的赞助下，乘船前往纽约。6 月，结束美国和加拿大之行，返回法国。8 月，《鼠疫》完稿。
1947 年	6 月，《鼠疫》由伽利玛出版社出版，首印 22000 册，并获法国批评家大奖。8 月，与让·格勒尼耶同游布列塔尼。
1948 年	1 月，《戒严》完稿，同年 10 月首演，反响不佳。声援盖瑞·戴维斯。
1949 年	6 月，前往南美洲。12 月，《正义者》首演。
1950 年	1 月，搬到海拔较高的卡布里镇养病。
1951 年	10 月，《反抗者》由伽利玛出版社出版。11 月，返回阿尔及尔探望母亲。
1952 年	5—8 月，关于《反抗者》的论战白热化。12 月，重游蒂帕扎。
1953 年	10 月，着手改编陀思妥耶夫斯基的小说作品《群魔》。

1954 年	2 月，随笔集《夏》由伽利玛出版社出版。10 月，前往荷兰。11 月，游访意大利。
1955 年	3 月，改编自迪诺·布扎蒂的剧本《一种有趣的病情》首演。4 月，前往希腊。6 月，任《快报》记者，就阿尔及利亚局势撰文。
1956 年	1 月，前往阿尔及尔，呼吁休战。5 月，《堕落》由伽利玛出版社出版，首印 16500 册。9 月，改编自福克纳的剧本《修女安魂曲》首演。
1957 年	3 月，《流放与王国》由伽利玛出版社出版。10 月，获诺贝尔文学奖，12 月，前往斯德哥尔摩领奖并发言。
1958 年	6 月，前往希腊。10 月，入住卢马兰的新房。
1959 年	1 月，为让·格勒尼耶的《群岛》作序；《群魔》在巴黎首演。开始创作《第一个人》（未完成）。
1960 年	1 月 4 日，从卢马兰返程巴黎途中遇车祸去世。

译后记

伽利玛出版社极具标志性的驼色书封上用红色大号字体写着"Albert Camus",相较之下,上方那一排黑色小字显得不是那么抓人眼球——JEAN GRENIER(让·格勒尼耶 著)。

阿尔贝·加缪自然不必多说,但让·格勒尼耶是谁?他与加缪又有着怎样的渊源?这是我在拿到本书原书时心中浮现的第一个问题。

当然,对于部分读者来说,在有意无意间,这并非一定构成问题。

当然,即使要回答这个问题,也毋需费多少力气。只要动动手指,互联网上就有可供摘取的判词,两人的名字因为这样几个字而被长久联系在一起——让·格勒尼耶,阿尔贝·加缪的恩师与挚友。

当然,作为译者,我应该再进一步,为读者提供更翔实的信息,以备不时之需。我也做了这样的努力,如读者觉得有必要,可以参考以下内容。

让·格勒尼耶,1898年生于巴黎,两岁时随父母迁往布列塔尼大区临海的圣布里厄(Saint-Brieuc)居住,青年时代与同为布列塔尼人的路易·纪尤、马克思·雅各布(Max Jacob)结为密友。1922年,他获哲学教师资格,此后,他的一生有如他的学生让·博格利奥洛(Jean Bogliolo)所言:"[格勒尼耶]一生都在旅行。他喜欢漫步。"他不仅在现实世界中辗转意大利、法国、阿尔及利亚与埃及等地执教,直到1968年在索邦大学结束教师生涯;精神世界中,他也在哲学研究、文学创作及绘画艺术批评之间漫游,尤其在随笔写作、儒尔·勒基埃[1]研究、道教的无为论研究等领域有所立著。当然,他都并非这些领域之中权威的、声名鼓噪的研究者,相比主流学界与文坛,他位处边缘,我们也只在少数人那里听到对他的评价:"自由散步的人""透明的哲学家""不合时宜的人"。边缘位置在一定程度

---

[1] 儒尔·勒基埃(Jules Lequier, 1814—1862),法国神学家、哲学家,被视为"法国的克尔凯郭尔"。格勒尼耶的博士论文以同在圣布里厄居住过的勒基埃为研究对象,认为其创立了一种理性的信仰:"基督教哲学"。这种哲学的基本教条和科学原则是人的绝对自由。

上是他自己的选择，因为"在我看来，谈论自我、展示自我、打着自我的名号行事，恰恰背叛了自我当中某些最为珍贵的东西"。

与加缪的交集始于1930年，格勒尼耶来到其所在的阿尔及尔中学哲学班任教，师生关系一开始颇有隔阂："他不是敌视我这个人，而是以我（之于学生的老师）为代表的社会。"但很快，加缪不吝承认自己从格勒尼耶处收获的众多灵感和指引：那或许是从巴黎寄来的各色书籍与刊物（"格勒尼耶［……］递给我的东西里有一本书。这是一本安德烈·德·里什欧的小说，名字叫《痛苦》，我不认识安德烈·德·里什欧，但我却永远忘不了这本好书［……］"[1]）；或许是写作生涯伊始的可贵扶助（"有学生［……］愿意提笔写作，这时我会尽一份力，提议一个主题，让他们把写成的文章发表在本地刊物上［……］"）；或许是格勒尼耶本人的思想与创作给青年加缪留下的震撼（"我似乎

---

[1] 阿尔贝·加缪：《相遇安德烈·纪德》，载柳鸣九主编：《加缪全集（散文卷Ⅱ）》，杨荣甲、王殿忠、李玉民译，上海译文出版社2010年版，第464页。

踏上了一片崭新的土地,那些我沿着城市高地漫步时经过的高墙围绕的花园,终于有一座向我打开[……]一座蕴藏无上财富的花园打开了,我刚刚见识了艺术。"[1]);当然,或许年长者之于青年人的人生建议也具备相当的分量("您叫我参加共产党的建议有道理。我从巴利阿里回来后就干[……]")。

被加缪视作文学启蒙之作的《群岛》中,能见到两人共鸣的起点,当然也隐约现出他们分歧的阴影。《群岛》是格勒尼耶作于1933年的随笔集,他在当中用充满哲思的语言谈论了缠绕在他生命周围的意象与命题:来自大海(尤其是地中海)、太阳、动物、自然与虚无的吸引,以及这一切的汇合点——孤独,取"岛"为核心意象,也是因为它是人的孤独形态在自然中的续写,在格勒尼耶看来,人将在自愿选择的孤独、自愿与自然的接触中寻找到超脱。这曾令年少的加缪沉醉:"我们需要更精妙的一位老师,一位同样出生在海边,同样热爱阳

---

[1] 阿尔贝·加缪:《序言》,载让·格勒尼耶:《群岛》,伽利玛出版社1957年版。

光、热爱笼罩躯体之光辉的人，由他来用一种难以摹仿的语言说：这一切表面上都是美好的，但它们终会消逝，因此必须绝望地热爱它们。"但与此同时，加缪抑制不住要问："港口在哪里？"格勒尼耶没有做出解答，加缪却费尽一生希望为自己找到答案。

当然，这份沉甸甸的友谊并没有因为分歧或疏远而散场，反而在两人往来的信件、时而的相聚中绵亘一生。敬佩、感激、依赖、亏欠，这是阿尔贝·加缪终其一生在字里行间、在《反与正》《反抗者》扉页题下的"献给让·格勒尼耶"一句中注入的感情。

那么到了格勒尼耶这方，他希望通过他的写作表达什么？这是我在翻译时要回答的第二个问题：这究竟是怎样的一部作品，又在试图描绘怎样的一个加缪？

体裁的谜云困扰着我。我在相当长的时间里都把本书看作加缪笃友为他本人作的传记，当然，不必苛求它严谨遵循传记书写的惯例（随着关注心理真实胜过外部真实的"新传记"的出现，我们甚至很难说世上尚存这样一种惯例），但我仍然期望它拥有传记体的底线特征（第一手证据下的记叙、力图重现对象生平、充实其个人形象等）——这毕竟是一部书写加缪的作品，有这样的期望也不奇怪。

但格勒尼耶在整本书中都在刻意强调自己与传记的距离，"不宜去说加缪一生中的变故和危机［……］它们是个人传记要处理的问题"，先不论他是否始终言行一致，从全书来看，他的确不曾对加缪的生平作线性还原、不重逸事与环境音，甚至不重历史真实（书中不乏史实上的谬误）。反之，他在全书中一再重申的词是"克制""谨慎""距离"，这与他对加缪个性的评价不谋而合。甚至可以推断，在他内心深处，或许并不愿用语言这把武器、手上这些线索，去拆解一个复杂乃至隐秘的灵魂；而当他不得不这样做的时候，他产生了怀疑，怀疑有什么"变成了纪念品一样的东西"。

那么如果不是传记，又是什么？此时，本书的副标题"Souvenirs"给了我们提示。双语词典将其定义为"回忆录"，失于武断，更容易误导中文读者。将 souvenirs 与使用频率更高的 mémoires 一词区分开来的，是它独有的意义底色，它继承了其单数形态 souvenir 的这一意义条项："过往的感觉、印象、念头或事件在记忆（mémoire）中的残留。"[1] 因而 souvenirs 更富主观情感色彩、更加碎片化与痕迹化、更加转瞬即逝——它是踏过旧日长路后，构成我们记忆的元素。就像格勒尼耶自己所说，在这本书中，他只是想与大家"一同缓步前进"，一同捕捉记忆的残留。虽然是身为目击者（témoin）所作的证词（témoignage），但他知道，他想写或能写的，不是历史（histoire），而是故事（histoire）。相比历史的真实，他或许更相信文学的真实。

于是我不再频繁自问作者到底试图描绘怎样的一个加缪。当然，我没有（也很难）舍弃窥探加缪的欲望，但我舍弃了总结答案的努力。语言只能通过它外在表露的一切来获得阐释，人也同样。如果一直抱着要在语言、在人当中找到同一性的心情来阅读与翻译，这过程中错失的间隙实在可惜。在这一点上，加缪很敏锐地察觉到了老师的表达方式，我已无需作任何补充：

---

[1] 另外，souvenir 还有一层意思是纪念品。

> 他宁愿与我们说起一只猫的死去、一位屠夫染病、花的香气、时间的流逝。书中没有任何事被真正讲出来。一切都在一股难以比拟的力道和轻巧中被暗示出来。这种轻柔的语言准确而又引人遐想,如音乐般流畅。它快速流动,回声却又绵长[……]他用一种没有明显修饰的语言,向我们说起那些平凡的、亲切的经历。接着,他任由我们翻译它。[……]只有这种情况下,艺术才是馈赠,而非强求。

于翻译上,我不敢谈使原文在译文中获得了新生,只是已经尽力揣摩与传达,其中力有不逮或有留下差错的地方,望读者见谅。

关于本书的翻译和出版,我要感谢我的导师曹丹红老师,感谢拜德雅及编辑马佳琪,感谢上海社会科学院出版社及责编熊艳老师,感谢亲朋好友予以我的帮助,感谢各位读者。

重庆,2023 年 12 月 26 日

图书在版编目（CIP）数据

阿尔贝·加缪：反抗永恒 /（法）让·格勒尼耶
(Jean Grenier)著；谢诗译. -- 上海：上海社会科学
院出版社，2024. --ISBN 978-7-5520-4542-0
Ⅰ. K835.655.6
中国国家版本馆CIP数据核字第2024M84T66号

拜德雅·人文档案

阿尔贝·加缪：反抗永恒
Albert Camus. Souvenirs

著　　者：	［法］让·格勒尼耶（Jean Grenier）
译　　者：	谢　诗
责任编辑：	熊　艳
版式设计：	张　晗
出版发行：	上海社会科学院出版社
	上海顺昌路622号　邮编　200025
	电话总机　021-63315947　销售热线　021-53063735
	https://cbs.sass.org.cn　E-mail：sassp@sassp.cn
照　　排：	重庆樾诚文化传媒有限公司
印　　刷：	上海盛通时代印刷有限公司
开　　本：	1092毫米×787毫米　1/32
印　　张：	5.75
字　　数：	88千
版　　次：	2024年11月第1版　2024年11月第1次印刷

ISBN 978-7-5520-4542-0 / K·733　　　　　定价：58.00元

版权所有，翻印必究